Vorwort

Das Bewußtsein für das Risiko unternehmerischen Handelns ist durch die schwierigen Wirtschaftsbedingungen der jüngsten Vergangenheit erheblich geschärft worden. Zusätzlich zu konjunkturell und technologisch bedingten Marktrisiken hat die stärkere Sensibilisierung der Öffentlichkeit gegenüber Risiken von Produkten und Produktionstechniken bewirkt, daß sich die Unternehmen in einer erhöhten Risikosituation befinden. Wenn auch gegenwärtig einige Wirtschaftszweige, wie die chemische Industrie und die Autoindustrie, bevorzugte Aufmerksamkeit in der öffentlichen Diskussion erfahren, so ist doch ein grundlegender Wandel in der individuellen Risikoakzeptanz unübersehbar, der generell zur Verlagerung wirtschaftlicher Risiken auf güter- und leistungsproduzierende Unternehmen führt.

Unternehmensrisiko: Wachsende Markt-, Produkt- und Umweltrisiken bei abnehmender öffentlicher Akzeptanz

Ein entscheidender Schritt in diese Richtung wurde schon Ende der 60er Jahre bei der Produkthaftung getan, als durch höchstrichterliche Rechtsprechung die Beweislast bei der Produzenten- und Händlerhaftung für Folgeschäden durch fehlerhafte Produkte umgekehrt worden ist. Ein bekanntes Beispiel für die veränderte Risikosituation bei der Produkthaftung ist der „Conterganfall", der, neben direkten finanziellen Auswirkungen, zu zahlreichen innerbetrieblichen Folgemaßnahmen bei den Herstellern von Arzneimitteln geführt hat. Zahlreiche andere Unternehmen befinden sich in ähnlichen Risikosituationen. Aktuelle Ereignisse belegen, daß Umweltschäden, die durch Produktionsprozesse oder deren Rückstände hervorgerufen werden, eine weitere Quelle unternehmerischen Risikos geworden sind. Umweltrisiken erreichen leicht existenzgefährdende finanzielle Dimensionen. Sie sind außerdem ebenso wie die Produktrisiken „heimtückisch", weil sie im Zeitpunkt der Verursachung oft nicht leicht zu erkennen sind, aber nach Jahren oder Jahrzehnten noch gefährlich sein können.

Albach/Schoeller (Produkthaftung – Ergebnisse eines Symposiums, in: ZfB 1981, S. 482 ff.) führen eine gewiß nicht vollständige Liste von 23 höchst diversen Produktarten an, die als besonders risikobehaftet anzusehen sind. Ein genaueres Bild der Entwicklung der Risikosituation in der Industrie liefert die jüngst von Bruse (Das Unternehmensrisiko: Eine theoretische

Empirische Ergebnisse zum Unternehmensrisiko

und empirische Untersuchung, in: ZfB 1984, S. 964 ff.) vorgelegte empirische Untersuchung des Unternehmensrisikos deutscher Aktiengesellschaften. Anhand einer breit angelegten Stichprobe stellt Bruse fest, daß sich das allgemeine Unternehmensrisiko in allen sieben untersuchten Industriebranchen (Automobil, Brauerei, Chemie, Eisen und Stahl, Elektro, Maschinenbau und Textil) im Zeitraum 1971 bis 1980 drastisch gegenüber dem Zeitraum 1961 bis 1970 erhöht hat. Die Aufteilung des Unternehmensrisikos erfolgt bei Bruse zwar nicht nach Markt-, Produkt- und Umweltrisiken, jedoch ist seinen Detailergebnissen zu entnehmen, daß die Erhöhung des Unternehmensrisikos im vergangenen Jahrzehnt ihre Ursachen sowohl im externen Marktbereich, stärker aber im internen Betriebsbereich hat, in dem sich letztlich auch Produkt- und Umweltrisiken niederschlagen.

Betriebswirtschaftliche Risikodiskussion

Diese Entwicklung in der Wirtschaftspraxis hat in der jüngsten betriebswirtschaftlichen Theoriediskussion vor allem auf zwei Untersuchungsebenen Beachtung gefunden:
– Aus der Perspektive der langfristigen Unternehmensstrategien sind in den letzten Jahren zahlreiche Untersuchungen zum Existenzrisiko des Unternehmens veröffentlicht worden. Dabei richtete sich das Interesse insbesondere auf die Analyse der Ursachen von Unternehmensrisiken, Methoden zur frühzeitigen Erkennung von Risiken und Chancen sowie auf unternehmenspolitische Entscheidungen in Situationen erhöhten Risikos.
– Auf der Ebene der Anlagen und Prozesse im Produktionsbereich gewinnt die betriebswirtschaftliche Analyse und Bewertung technischer Risiken an Bedeutung, wobei neben betrieblichen zunehmend auch gesellschafts- und umweltpolitische Aspekte berücksichtigt werden. Die Anwendung betriebswirtschaftlicher Methoden auf die Analyse technischer Unternehmensrisiken steht allerdings noch ganz am Anfang, vor allem in der deutschen Literatur. Neueste Veröffentlichungen in den USA zu diesem Themenbereich (s. das Spezialheft 4/84 von „Management Science") zeigen jedoch, daß Entscheidungstheorie und Unternehmensforschung wichtige Beiträge zur Lösung so aktueller Probleme wie Transportrisiken gefährlicher Materialien, Lagerrisiken chemischer Stoffe und Sicherheitsrisiken bei der Automobilkonstruktion leisten können. Dabei wird freilich auch deutlich, daß bei solchen schwerwiegenden technischen Risiken, bei denen menschliches Leben und Gesundheit auf dem Spiel stehen oder ernsthafte Gefährdungen der Umwelt zu befürchten sind, risikopolitische Entscheidungen nicht nur nach ökonomischen Zielsetzungen getroffen werden können.

Vernachlässigung der „alltäglichen Risikopolitik"

Mit diesen beiden Untersuchungsschwerpunkten wird jedoch der Gesamtbereich unternehmerischer Risikopolitik nur recht unvollständig erfaßt. Auch bei schwieriger konjunktureller Lage gelingt es den meisten Unternehmen, existenzbedrohende Krisen zu vermeiden. Dabei kann eine langfristig angelegte Risikopolitik durchaus nützlich sein. Sie kann aber nur wirksam werden, wenn sie durch mittel- und kurzfristige Maßnahmen in allen Unternehmensbereichen umgesetzt und ergänzt wird. Risikopolitik ist auch und vor allem eine Aufgabe der täglichen, oft routinehaften Ausführungsentscheidungen. Zahlreiche Unternehmenskrisen entstehen nicht aus strategischen Fehlentscheidungen, sondern sind das Resultat eines langsamen, aber kumulativen Prozesses, der sich aus vielen riskanten Alltagsentscheidungen zusammensetzt. Wenn auch die aktuelle konjunkturelle Situation sowie die erhöhte gesellschaftliche Sensibilität die Untersuchung strategischer und technischer Risiken durchaus rechtfertigen, so darf darüber nicht die Daueraufgabe der unternehmerischen Risikopolitik in den Hintergrund gedrängt werden, deren Ziel darin besteht, eine Vielzahl ganz „normaler" Risiken zu beherrschen und das Unternehmen vor Krisen zu bewahren.

Im Prinzip sind diese Zusammenhänge seit langem bekannt. Einige risikopolitische Maßnahmen, wie Reservebildung und Versicherung, gehören zum Standardrepertoire unternehmerischer Politik. Allerdings hat es bislang nur wenige Impulse zur Überprüfung der Leistungsfähigkeit und Weiterentwicklung risikopolitischer Instrumente gegeben. Erst vor etwa zehn Jahren setzte unter dem Stichwort „Risiko-Management" eine etwas intensivere Auseinandersetzung mit der Risikopolitik ein. Auslösendes Moment war zunächst das Bestreben großer Industriebetriebe, die im Laufe der Jahre oft recht unkontrolliert gewucherten Kosten der Versicherungsportefeuilles zurückzuschneiden. Die ursprünglich stark versicherungsorientierte Problemstellung des Risiko-Managements wurde bald in der Form generalisiert, daß systematische Risikoanalyse und -bewertung, die Auswahl effizienter risikopolitischer Instrumente sowie organisatorische Regelungen als wichtige Aufgaben der unternehmerischen Risikopolitik herausgearbeitet wurden. Diese hoffnungsvollen Ansätze des Risiko-Managements sind allerdings in den letzten Jahren nur noch in geringem Maße weitergeführt worden. Sie haben auch die aktuelle betriebswirtschaftliche Diskussion zur strategischen Risikopolitik kaum beeinflußt. Hier wird Risiko-Management teilweise noch als reines Versicherungsproblem verstanden oder als traditionelle betriebswirtschaftliche Risikopolitik im neuen Gewande interpretiert.

Risiko-Management als Weiterentwicklung der betriebswirtschaftlichen Risikopolitik

Mit den Beiträgen dieses Bandes 33 der Schriften zur Unternehmensführung soll die Vorstellung erläutert, begründet und durch konkrete Lösungsansätze und Erfahrungen untermauert werden, daß Risikopolitik keine Angelegenheit allein außerordentlicher Problem- oder Krisensituationen ist, sondern ein wichtiger Bestandteil der täglichen Entscheidungen in allen Unternehmensbereichen. Diese Grundposition wird in allen Beiträgen vertreten, auch wenn sie ansonsten nicht von einer einheitlichen Konzeption zur Risikopolitik ausgehen. Aufgrund ihrer unterschiedlichen Betrachtungsperspektiven setzen die Autoren, die übrigens alle über mehr oder weniger intensive praktische Erfahrungen verfügen, verschiedene Schwerpunkte für die Aufgaben der Risikopolitik. Gemeinsam ist ihnen jedoch die Auffassung, daß die Vorbereitung und Durchführung risikopolitischer Entscheidungen eine Managementfunktion ist, deren Erfolg von der Fachkompetenz der Verantwortlichen sowie von der organisatorischen Eingliederung risikopolitischer Handlungsprozesse abhängt. Folglich erscheint die Bezeichnung dieses Aufgabenbereiches als „Risiko-Management" durchaus treffend; die ebenfalls verwendete englische Variante „Risk Management" besitzt zwar eine gewisse Tradition (s. dazu den Beitrag von Haller), ist aber hier nicht als Ausdruck einer anderen Konzeption zu verstehen.

Risiko-Management als integrale Funktion der Unternehmenspolitik

Sicherlich ist die bislang zu beobachtende Zurückhaltung gegenüber der Idee des Risiko-Managements auch darauf zurückzuführen, daß die Notwendigkeit dieses Aufgabenbereiches als eigenständiger und wichtiger Teil der Unternehmensführung nicht hinreichend deutlich begründet worden ist. Die vergangene Diskussion zum Risiko-Management weist auch verschiedene Unklarheiten und Unstimmigkeiten über seinen Aufgabenbereich, seine Verfahrensweise und organisatorische Durchführung auf. Diese Fragen werden im ersten Beitrag „Risiko-Management – Eckpunkte eines integrierten Konzepts" in einer ausführlichen Untersuchung der Grundlagen des Risiko-Managements aufgegriffen. Auf der Basis des St. Galler Management-Modells wird die Bedeutung von Risiko und Sicherheitsstreben als Bestandteile der Management-Aufgaben entwickelt und daraus Risiko-Management als integrale Funktion der Unternehmenspolitik abgeleitet. Diese Fundierung des Risiko-Managements ist breit angelegt und verfolgt zahlreiche Detailaspekte. Dadurch gelingt es jedoch, eine Konzeption des Risiko-Managements zu erarbeiten, die bisher bestehende Lücken schließt und viele Unklarheiten beseitigt. Die Tragfähigkeit dieser Konzeption zeigt sich bei der anschließenden Darstellung der einzelnen Aufgaben des Risiko-Managements sowie seiner organisatorischen Eingliederung als Führungsfunktion. Aus dieser Begründung des Risiko-Managements als Daueraufgabe der Unternehmensführung lassen sich einige wichtige Konsequenzen sowohl für die risikopolitische Praxis als auch für die betriebswirtschaftliche Theorie der Unternehmensführung herleiten. Dieser Beitrag überschreitet vom Umfang her etwas den üblichen Rahmen, verdient jedoch erhöhte Beachtung. Er könnte geeignet sein, die gegenwärtig etwas unsichere Einstellung zum Risiko-Management auf eine tragfähige Basis zu stellen.

Dem konzeptionellen Entwurf des ersten Artikels folgen zunächst drei Beiträge aus empirisch-praktischer Erfahrungsperspektive: zwei weitere Aufsätze und eine Fallstudie. Obwohl die Untersuchungen unabhängig voneinander entstanden sind und folglich auch nicht in allen Einzelpositionen zum Risiko-Management übereinstimmen, zeigt sich doch eine erstaunliche Konsistenz zwischen praktischen Erfahrungen und konzeptionellem Ansatz in bezug auf die Einschätzung der Grundfunktionen des Risiko-Managements.

Vorwort 5

In dem Beitrag „Risk Management in einem internationalen Konzern" wird mit erfreulicher Offenheit dargestellt, wieweit die konkrete Durchführung einer umfassenden Risikopolitik bereits realisiert werden kann. Es handelt sich zwar um einen schwedischen Konzern, aber die konzernweite Risiko-Management-Funktion ist in Deutschland angesiedelt. Die beschriebenen Lösungen gelten also auch für deutsche Markt- und Rechtsbedingungen. Die Darstellung läßt sehr deutlich erkennen, wie sich die Risikopolitik dieses Konzerns von einem ursprünglich recht eng gezogenen, primär am Versicherungsmanagement orientierten Handlungskonzept zu einem breiter angelegten Verständnis entwickelt hat, in dem Schadenverhütungsinvestitionen sowie die Analyse nicht versicherbarer, „spekulativer" Risiken eine zunehmende Rolle spielen. Hier sind also schon deutliche Schritte in Richtung auf ein umfassendes Risiko-Management als Teil der allgemeinen Führungsaufgaben unternommen worden. Weitere interessante Aspekte dieses Beitrages sind die Maßnahmen zur Einführung der Risiko-Management-Funktion sowie die Überlegungen zu ihrer organisatorischen Eingliederung in den Konzern.

Einführung der Risiko-Management-Funktion in einen internationalen Konzern: Erfahrungsbericht

Eine etwas andere Betrachtungsperspektive wird in dem Beitrag „Risk Management und Versicherungsmakler" sichtbar. Versicherungsmakler spielen eine wichtige Rolle bei der Deckung industrieller Großrisiken, insbesondere im Feuer-, Haftpflicht- und Transportbereich. Die Aufgaben der Makler umfassen die Bestimmung des erforderlichen Deckungsumfanges, die Beschaffung der Versicherungsdienstleistungen, die häufig auf internationalen Märkten eingekauft werden müssen, sowie die Abwicklung eventueller Schadensfälle. Dieser traditionelle Aufgabenkatalog steht im Mittelpunkt der in diesem Beitrag entwickelten Position eines Versicherungsmaklers zum Ris(i)k(o)-Management. Allerdings wird an verschiedenen Stellen deutlich, daß auch der Makler beginnt, den breiteren Aufgabenbereich des Risiko-Managements als Führungsaufgabe zu erkennen, und bereit ist, seine Fachkenntnisse dafür zur Verfügung zu stellen, wie z. B. bei Projekten zur Einrichtung von Captives oder zur Entscheidung über strategische Diversifikationsmaßnahmen. Der Versicherungsmakler könnte sich also zu einem „Risiko-Berater" entwickeln. Die Erfahrungen der letzten Jahre lassen noch nicht deutlich erkennen, ob eine solche Entwicklung auf breite Akzeptanz stößt.

Entwicklung der Versicherungsmakler zum „Risiko-Berater"

Wie üblich, enthält auch dieser Band eine Fallstudie: „Effizienzsprung durch systematische Risikopolitik". Diese Untersuchung besitzt deshalb besonderen Reiz, weil ihr Verfasser ein früher Verfechter einer umfassenden Risiko-Management-Konzeption ist (s. S. 95 dieses Bandes). Die Fallstudie kann mithin als empirische Begründung der konzeptionellen Ideen angesehen werden. Die konkreten Ergebnisse dieses Fallbeispiels sind überraschend deutlich. Die vorgefundenen Kosten der betrieblichen Risikopolitik waren nicht nur wesentlich höher als die Versicherungskosten, sondern überstiegen auch die Erwartungen aller an der Studie Beteiligten. Diese

Fallstudie: Hohe Risikokosten und die Effizienz des Risiko-Managements

Untersuchung liefert einige bedeutsame Impulse für Praxis und Theorie. Sie demonstriert dem Praktiker, daß die Vorstellung eines umfassenden Risiko-Managements nicht nur in der betrieblichen Realität wiedergefunden, sondern auch zur Effizienzsteigerung eingesetzt werden kann. Der betriebswirtschaftlichen Theorie gibt sie Unterstützung für die Zweckmäßigkeit der umfassenden Konzeption des Risiko-Managements, aber auch einige Hinweise auf Fragen, die noch weiterer Untersuchung bedürfen.

Zukunftsperspektiven des RisikoManagements

Den Abschluß dieses Bandes bildet ausnahmsweise ein konzeptioneller Beitrag aus der Feder des Autors, der auch den einleitenden Beitrag verfaßt hat. Die Vorstellungen über „Die künftige Entwicklung im Risiko-Management" bieten jedoch eine interessante längerfristige Entwicklungsperspektive, die nach der Darstellung der schon vorliegenden Erfahrungen mit dem Risiko-Management als Anregungen für einen wichtigen Aspekt strategischer Unternehmensplanung dienen können.

Ungeteilte Risikopolitik als Führungsaufgabe

Insgesamt können die Beiträge in diesem Band verdeutlichen, daß es nicht sinnvoll ist, einen grundsätzlichen Unterschied zwischen betriebswirtschaftlicher Risikopolitik und Risiko-Management zu konstruieren. Weder ist es sinnvoll, risikopolitische Überlegungen allein auf strategische Perspektiven oder technische Risiken zu konzentrieren, noch kommt die alleinige Betrachtung von versicherbaren Risiken zu überzeugenden Ergebnissen. Risiko ist ein so allgegenwärtiger Bestandteil von Führungsaufgaben, daß es nur durch Integration mit diesen die notwendige Aufmerksamkeit finden kann.

Ich danke allen Autoren, daß sie, trotz einiger Schwierigkeiten bereit waren, Beiträge speziell für diesen Band anzufertigen. Für Unterstützung bei der redaktionellen Arbeit danke ich Frau Felicitas Siara sowie insbesondere Herrn Dipl.-Betriebswirt Thomas Leicht.

WOLFGANG MÜLLER

Risiko-Management –
Eckpunkte eines integrierten Konzepts

Prof. Dr. Matthias Haller, St. Gallen

Inhaltsübersicht

Einführung: Risiko-Management – ein problematischer Begriff
1. Sicherheit und Risiko im Management-Kontext
   1.1 Management als Grundlage der Risikobewältigung
   1.2 Die Konkretisierung des Faktors „Risiko" im Management
   1.3 Ambivalenz der „Sicherheit": Konsequenzen für die Leitidee im RM
   1.4 Sicherheit und Unternehmungspolitik
2. Gestaltung und Ablauf des Sicherungsprozesses
   2.1 Abklärung der Erwartungen (Phase A)
   2.2 Beurteilung der Risikolage (Phase B)
   2.3 Sicherungsmaßnahmen (Phase C)
3. Organisation als Gestaltungsaufgabe im Risiko-Management
   3.1 Basis des Risiko-Managements: Die vorgegebenen Organisationsstrukturen
   3.2 Organisatorische Konsequenzen für das Risiko-Management
      3.2.1 Sicherung als Organisationsaufgabe
      3.2.2 Aufgliederung der Führungsfunktion „Risiko-Management" im Hinblick auf die Organisation
   3.3 Die organisatorische Zuordnung der Sicherungsfunktionen
      3.3.1 Sicherung in der 1. Dimension (organisatorische Primärstruktur)
      3.3.2 Sicherung in der 2. Dimension
      3.3.3 Sicherung in der 3. Dimension
      3.3.4 Sicherung als Planungs- und Kontrollaufgabe

Einführung: Risiko-Management – ein problematischer Begriff

Wer immer im Zwischenbereich der praktischen Unternehmungsführung und der Managementlehre neue Begriffe verwendet, wird zunächst Positionen abstecken müssen: Bei den Praktikern wie bei den Angehörigen der Wissenschaft besteht meist ein *Vorverständnis*, das aus der eigenen Erfahrungswelt stammt und den geistigen Zugang zu andersartigen Konzepten erschwert. Ganz besonders ist dies bei jenen Begriffen der Fall, welche bereits besetzt sind. Zweifellos trifft dies auch auf das Risiko-Management zu: Abgesehen davon, daß bereits in der Alltagssprache dem Risiko eine vielfältige (meist negative) Bedeutung beigemessen wird, arbeiten verschiedenartige Teildisziplinen der Führungslehre mit „Risiko", von einer rein logischen Durchdringung des Risikophänomens in der Entscheidungslogik bis hin zur Erklärung des tatsächlichen Risikoverhaltens in psychologisch und soziologisch orientierten Forschungen. Geht es um die Stellung des Risikos aus der Sicht einer umfassenden Unternehmungsführungslehre, so nimmt „Risiko" – wie auch immer definiert – einen zentralen Stellenwert ein. Pointiert hat dies Peter Drucker zum Ausdruck gebracht, indem er die Hauptaufgabe der Wissenschaft darin sieht, der Praxis beim Eingehen des richtigen Risikos behilflich zu sein: *„The main goal of science must be to enable business to take the right risk."*

Risiko-Management (RM), wie es hier verstanden wird, entspricht dieser Grundhaltung. Sie erfordert a priori,

- daß RM, als Teildisziplin begründet, im *Gesamtkontext* anzusiedeln ist,
- daß RM, als Risikobewältigung interpretiert, nicht bloß der Beseitigung, sondern auch dem zweckgemäßen *Eingehen von Risiken* dient,
- daß RM, auf konkrete Problembereiche bezogen, *nicht isoliert* werden darf.

Aus dieser Grundhaltung heraus kann man jenen Unternehmensführern, welche skeptisch auf „Risk Management" reagieren, grundsätzlich Verständnis entgegenbringen. Zu Recht verweisen sie darauf, daß Risiken jeder Führungstätigkeit immanent sind, daß jedes Managerverhalten von Risiken geprägt ist, Risiken schafft und Risiken verändert. Wozu also eine Disziplin, welche die Gefahr birgt, die Risikobetrachtung im Management zu isolieren statt zu integrieren?

Bei näherer Betrachtung birgt diese Frage, so sehr sie auf den ersten Blick gerechtfertigt scheint, allerdings eine Behauptung: die Behauptung nämlich, daß Risiken in der Unternehmungsführung auf natürliche Weise, also ohne spezielle zusätzliche Regelungsmechanismen, überhaupt einheitlich angegangen werden. Wenn dem so wäre, hätte Risiko-Management als Metadisziplin tatsächlich keinen Existenzgrund. Wir wissen aber aufgrund von psychologischen und soziologischen Ergebnissen, daß dem keineswegs so ist. Schon das Individuum – mithin also die Person des Alleinunternehmers – reagiert verschiedenartig auf verschiedene Risikoformen; noch viel ausgeprägter ist dies natürlich in der Mehr-Personen-Unternehmung der Fall, wo – bis hin zur multinationalen Großunternehmung – täglich Tausende von unabhängigen Entscheidungen getroffen werden, welche insgesamt die „Unternehmungsführung" verkörpern. Die Tatsache allein also, daß jede Führungstätigkeit den Risikoaspekt mit einschließt, bedeutet keineswegs, daß Risiken im weiten Bereich des Managements auch systematisch erfaßt und durch die Führungsangehörigen aller Stufen einheitlich angegangen werden. Im Gegenteil haben die Forschungen in verschiedenen RM-Bereichen zur Einsicht geführt, daß die sonst fruchtbare Intuition hier oft am falschen Platz eingesetzt wird, weil es an Erfahrungen mit den verwirklichten Risiken fehlt (und fehlen muß). Solange eine unsorgfältige Risikoplanung im Zeichen der Wachstums- und Gewinnraten der sechziger Jahre überspielt werden konnte, war die Forderung nach einer umfassenden Risikobewältigung weniger dringlich. Heute jedoch, wo bereits der „Normal"-Verlauf des Geschäftsgeschehens einen Großteil der inneren Reserven der Unternehmungen beansprucht, während die Umwelt gleichzeitig weit größere Anforderungen stellt, kann umfassende Risikobewältigung rasch zur Überlebensfrage werden. Hier, bei der Überlebensfrage, treffen sich Management im umfassenden Sinne und Risiko-Management im speziellen: Im Hinblick auf deren Integration gilt es, das *Risiko-Management als begleitende Führungsfunktion* zu etablieren, zugleich aber bei jedem Schritt darauf bedacht zu sein, die Eingliederung in die „normale" Führungstätigkeit laufend zu vollziehen. Dieser Forderung zu entsprechen, soll ein wichtiges Kriterium des darzustellenden RM-Konzeptes sein: Ausgliederung und Eingliederung von Risikoaspekten vollziehen sich in dialektischem Wechselspiel.

So verstandenes Risiko-Management ist also darauf ausgerichtet,

- in allen Führungstätigkeiten und unter allen Führungsaspekten das *wesentliche Risiko* besser zu erkennen und zu beurteilen;
- als wesentlich beurteilte Risiken mit geeigneten *Instrumenten und Verfahren* anzugehen;
- allgemeine *führungsmäßige und organisatorische Konsequenzen* im Hinblick auf die Risikobewältigung zu ziehen.

Auch bei einem umfassenden Ansatz gilt es selbstverständlich zu berücksichtigen, daß die Risikobewältigung stets in irgendwelcher Weise und auf verschiedene Stellen verteilt wahrgenommen wird. Dies soll nicht grundsätzlich verändert werden. Das RM-Anliegen besteht vielmehr darin, Risiken im Gesamtzusammenhang bewußt zu machen, Stärken in der Führung zu nutzen und Schwächen zu vermeiden. Auch ist das Konzept, wie es hier dargestellt wird, keineswegs abgeschlossen. Vielmehr ist es der Erweiterung und Korrektur zugänglich, und der Autor ist für alle kritischen und weiterführenden Anregungen dankbar.

Nach der Festlegung der Grundposition des RM im Rahmen der umfassenden Unternehmungsführung stellt sich zusätzlich die Frage, wie ein solches Konzept mit dem sog. *„Risk Management"-Ansatz* verträglich ist, wie er nach dem 2. Weltkrieg in den USA entwickelt und in den siebziger Jahren auf Europa übertragen wurde. Auch diese Antwort muß differenziert ausfallen: Zweifellos ist es zweckmäßig, all jene Elemente des „Risk Management" zu nutzen, welche sich in einen übergeordneten Ansatz eingliedern lassen. Allerdings scheint der Rückgriff auf das „Risk Management" nur begrenzt möglich, hat dieses sich doch als Disziplin in erster Linie aus dem Bestreben heraus entwickelt, die Versicherungsdeckung der Unternehmung zu optimieren und – unter Einsatz der Marktmacht der Unternehmung – möglichst kostengünstig einzukaufen. Die bewußte Befassung mit Versicherungsproblemen hat als solche das *Denken in Alternativen der Sicherung* entscheidend angeregt: Zum einen wurde der Versicherungsnahme die Möglichkeit gegenübergestellt, Risiken selbst zu tragen, zum anderen wurden Maßnahmen der Risikoverminderung (Schadenverhütung, Schadenherabsetzung) vermehrt berücksichtigt. Der Verdienst des amerikanischen „Risk Management" besteht zweifellos darin, einerseits den „RM-Prozeß" (Mehr/Hedges[1]) eingehend beschrieben, andererseits die Stelle des sog. „Risk Managers" begründet zu haben. Doch bis heute – Stand 1985 – fehlt es an einer wirklichen Integration des *Konzepts* in die umfassende Führungslehre. Dies zeigt sich in einer gewissen Orientierungslosigkeit, wenn die Investitionen in die Sicherheit und die Vermeidung der Risiken zur Diskussion stehen: Hier prallen „Risk Management" und "normale" Unternehmungsführung mehr oder weniger konzeptlos aufeinander (Abb. 1).

Abb. 1: Optimierungsstufen der Sicherung im bisherigen Risk Management

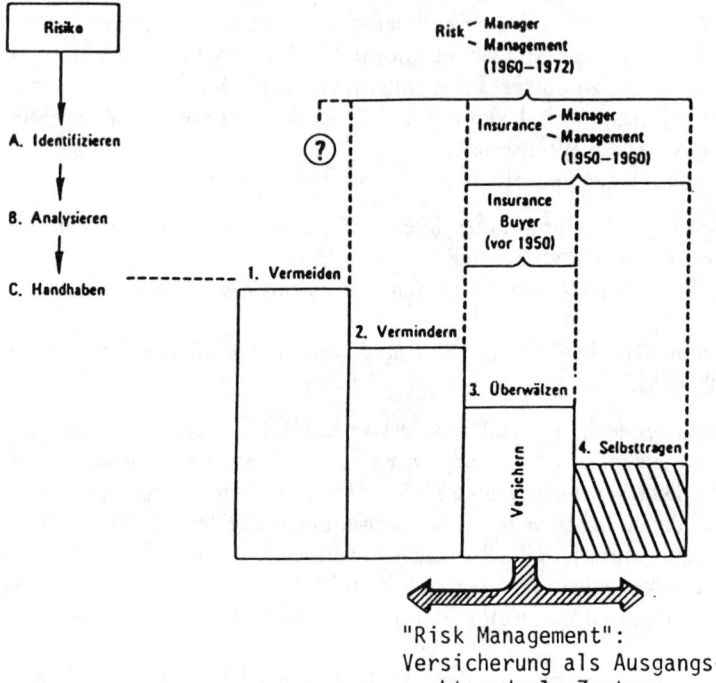

Was die *Praxis* betrifft, so hat *„Risk Management"* zweifellos wertvolle Beiträge zur Unternehmenssicherung geleistet. Durch die Delegation an eine Fachstelle ließ sich die Verantwortung für das Versicherungsprogramm in einer Hand zusammenfassen, was sich um so günstiger auswirkt, als die Führungsspitzen in Unternehmungen sich kaum mit Versicherungsproblemen und Schadenverhütung im versicherbaren Bereich befassen.

Wo der *Risk Manager* mit den übrigen Führungskräften intensive Kontakte pflegt und die Verhältnisse übersichtlich sind, resultieren Prämienersparnisse bei koordinierter Schadenverminderung; auch hat der Erfahrungsaustausch unter Risk Managern (nicht

---

[1] Vgl. Mehr, R. I.; Hedges, B. A.: Risk Management in the Business Enterprise, Homewood, Ill., 1963.

zuletzt im Rahmen der von ihnen geschaffenen Vereinigungen) dazu beigetragen, den Kenntnisstand über Risk Management im so verstandenen Sinne drastisch auszuweiten, unterstützt von einigen Fachzeitschriften meist englischsprachiger Provenienz[2]. Diesen Vorteilen steht die *Gefahr* gegenüber, daß sich die übrigen Führungsangehörigen nach der Einsetzung eines „Risk Managers" auch von Sicherungsaufgaben entlastet fühlen, welche nur sie wahrnehmen können. Je schlechter der Risk Manager in wichtige Entscheidungsprozesse (z. B. Investitionsentscheidungen, Produktinnovation) einbezogen ist, desto gravierender sind die Auswirkungen. Im Kern handelt es sich hier um die *Verwechslung zwischen dem Versicherungs-Management und dem Risiko-Management* im weiteren Sinne, welche auf alle Fälle überwunden werden muß.

Hat sich „*Risk Management*" im wesentlichen auf die Optimierung der Sicherung im Bereich der versicherbaren Risiken beschränkt, so zeigt sich in jüngster Zeit die klare *Tendenz, solche speziellen Erkenntnisse der Risikobewältigung auf die gesamte Führung zu übertragen*[3]. In der Tat besteht kein Anlaß, zufällig ausgelöste Störungen (z. B. Brand oder Produkthaftpflicht) grundsätzlich anders als jene Störungen zu handhaben, welche sich im Ursprung aus willentlichen Entscheidungen (z. B. Markt- und Produktwahl) ergeben. Größtschadenereignisse im einen wie im anderen Bereich weisen darauf hin, daß sämtlichen Störprozessen in der Unternehmung bewußte und unbewußte Entscheidungen zugrunde liegen, daß mit anderen Worten auch für die Auswirkungen solcher Störungen *Verantwortung* zugeordnet wird, wo früher bisweilen ein guter Versicherungsschutz genügte.

Aus diesem Grund steht am Anfang die Frage, *wie Störungen sich im Gesamtzusammenhang der Unternehmung manifestieren,* welche Folgerungen sich zunächst für das *Management* im allgemeinen aufdrängen. Auf dieser Basis stellt sich sodann das *Risikoproblem,* zu dessen Lösung weit mehr als die logischen Instrumente der Entscheidungstheorie erforderlich sind.

1. Sicherheit und Risiko im Management-Kontext

1.1 Management als Grundlage der Risikobewältigung

Risiko-Management als begleitende Führungsfunktion wird wesentlich dadurch festgelegt, wie weit man „Management" auffaßt, welche Bedeutung man im besonderen den technischen, sozialen und finanziellen Faktoren in der Unternehmung selbst und ihrer Umwelt beimißt. Um die modernen Störprozesse und mit ihnen das Unternehmungsrisiko abzubilden, erscheint es jedenfalls unabdingbar, die Unternehmung nicht aus einer engen, betrieblichen Perspektive zu sehen, sondern gezielt die Zusammenhänge zwischen Wirtschaft und Gesellschaft in die Risikoanalyse und -bewältigung einzubeziehen.

---

2 Beispielhaft für viele andere: ‚Risk Management' (Risk Management Society Publishing Inc.).
3 Vgl. Haller, M.: Risiko-Management – neues Element in der Führung, in: Industrielle Organisation 1978, S. 485 ff.; ders.: Risiko-Management und Versicherung, in: Versicherungswirtschaftliches Studienwerk, Müller-Lutz, H. L.; Schmidt, R.: Studienheft 13, Wiesbaden 1981, S. 513 ff., insbesondere S. 518.

Verschiedene „Modelle" einer derart integrierten Unternehmungsführung eignen sich grundsätzlich für das Risiko-Management; wir wählen als Basis für die nachfolgenden Gedanken die Prinzipien des St. Galler Management-Modells[4]. Die Kernprobleme, mit denen sich heute jede Unternehmung auseinanderzusetzen hat, sind durch den tiefgreifenden *Wandel* geprägt: Umschichtungen, Trendänderungen und Ungleichgewichte vollziehen sich mit zunehmender Geschwindigkeit und in zunehmender Intensität[5], so daß Unternehmungsführung immer weniger an technischen und methodischen Details ansetzen kann, sondern die Aufgabe bedeutet, ein *komplexes Gebilde so zu gestalten, zu lenken und weiterzuentwickeln, daß es in einer turbulenten Umwelt überleben kann (Ulrich)*. Als *„Management"* kann nun die Gesamtheit solcher Gestaltungs- und Lenkungsvorgänge verstanden werden, wo durch Zusammenwirken vieler Menschen etwas Gemeinsames erreicht werden soll, in Politik, Verwaltung, Militär und natürlich in der Wirtschaft. In der demokratischen Gesellschaft ist Management nicht die Aufgabe einzelner, sondern einer Vielzahl von Führungskräften, welche in den Führungsprozeß einbezogen sind und damit auch gemeinsam Risiken schaffen und zu bewältigen haben. Die Mitwirkung vieler Unternehmensangehöriger am Führungsprozeß hat die Lehre von der Unternehmensführung stark beeinflußt. Wir können im besonderen nicht davon ausgehen, daß die Unternehmung sich einer einheitlichen Willensbildung unterzieht. Vielmehr laufen in ihr ständig zahlreiche Prozesse ab, welche bloß im großen ganzen, nicht aber im einzelnen gesteuert und gelenkt werden können. Nur ein differenziertes Denken in Mehr-oder-weniger (anstelle von Alles-oder-nichts) dürfte dem komplexen Charakter der von Führungskräften zu lösenden Probleme gerecht werden. Ganz besonders trifft dies auf die Risikoprobleme zu.

Der *Systemansatz*, der solchen Forderungen gerecht zu werden versucht, beruht auf der Grundvorstellung, daß rein analytisches Denken durch eine integrierende und ganzheitliche Betrachtungsweise ergänzt werden muß. So finden ein stetes gedankliches Wechselspiel zwischen Teil und Ganzheit, das Einordnen von Teilerkenntnissen in ein Gesamtkonzept, sowie das wechselweise Denken auf unterschiedlichen (Abstraktions-) Ebenen statt. Der Systemansatz ist – als Denkweise – durch folgende Eigenschaften gekennzeichnet:

– Systemdenken ist *ganzheitliches* Denken. (Probleme werden möglichst im umfassenden Zusammenhang gesehen, um unzweckmäßige Problemabgrenzungen zu vermeiden.)
– Systemdenken ist *prozessorientiertes* Denken. (Nicht Zustände, sondern das Zusammenwirken von Teilen und die damit verbundenen Anpassungs- und Lernprozesse stehen im Zentrum des Interesses.)
– Systemdenken ist *interdisziplinäres* Denken. (Nicht die Fachdisziplin, sondern das *Problem* bestimmt die Art des Wissens, das zur Problemlösung beizuziehen ist. Was dafür relevant ist, soll auch berücksichtigt werden.)
– Systemdenken ist *analytisch und synthetisch* zugleich. (Ähnlich einem Zoomobjektiv

---

4 Vgl. Ulrich, H.; Krieg, W.: St. Galler Management-Modell, 3. Auflage, Bern 1974, sowie Ulrich, H.: Die Unternehmung als produktives soziales System, Bern/Stuttgart 1968.
5 Krieg, W.: Management und Unternehmungsentwicklung – Bausteine eines integrierten Ansatzes, in: Probst, G. J. B.; Siegwart, H.: Integriertes Management, Festschrift zum 65. Geburtstag von Hans Ulrich, Bern 1985, S. 261 ff., insbesondere S. 262.

wird die „Brennweite" einmal auf den Gesamtzusammenhang, dann auf ein Einzelmotiv und sodann wieder auf einen umfassenden Blickwinkel fixiert, um das Detail nun im Rahmen des Größeren zu verstehen.)
- Systemdenken ist schließlich *pragmatisches* Denken. (Es wird bewußt akzeptiert, daß komplexe Probleme nicht durchschaubar sind und wir mit unvollkommenen Informationen entscheiden müssen, die Situation aber dennoch bewältigen können, wenn wir zunächst in die richtige Richtung gehen und bei Zielabweichungen ständig lenkend eingreifen.)

Der ganzheitliche Ansatz im systemorientierten Management erweist sich im besonderen unter jenen turbulenten Bedingungen als fruchtbar, die für die Managementpraxis der letzten Jahre kennzeichnend sind. Die Einsicht, daß der Prognostizierbarkeit von Umweltvorgängen sowie der Machbarkeit und *Beherrschbarkeit der Vorgänge in den Unternehmungen deutlich Grenzen* gesetzt sind, erfordert nicht nur ein Umdenken, sondern zudem die Einsicht, daß der bewußten *Entwicklung* von Unternehmungen und deren relativ selbständigen Teilbereichen starke Beachtung zu schenken ist[6].

In den Bereich solcher *Entwicklungsaufgaben* fällt zu einem Großteil auch das *Risiko-Management:* Es geht nicht nur darum, nach einem festen Konzept die risikobezogenen Führungsvorgänge zu gestalten und zu lenken; vielmehr gilt es, die Strukturen und Systeme so zu setzen, daß sie – verbunden mit menschlichen Fähigkeiten – in der Lage sind, neu auftauchende Risikoprobleme zu erfassen und zweckmäßig zu lösen. Ausgangspunkt bildet dabei die Überlegung, daß die Unternehmung in ständiger Auseinandersetzung mit ihrer Umwelt steht und der Unternehmungsführung ganz generell die Aufgabe zukommt, angesichts der kontinuierlichen Veränderungen ein *„Fließgleichgewicht" zwischen Unternehmung und Umwelt* (Ulrich) ständig neu zu begründen.

Im Gesamtkonzept des Managements können *drei Teilkonzepte* inhaltlich zur richtigen Erfassung des Risikoproblems beitragen:

- das *Umweltkonzept,* das auf einer Kombination von institutionaler und funktionaler Betrachtung beruht und in verschiedene Szenarien einmündet;
- das *Unternehmungskonzept,* das sich in verschiedene Teilkonzepte gliedert und den Rahmen für die Unternehmungspolitik liefert;
- das *Führungskonzept,* welches Führungs- und Organisationssysteme, Führungsmethodik sowie Konzepte zur Entwicklung der Führungskräfte umfaßt.

Nachfolgend orientieren wir uns vor allem am Umwelt- und am Unternehmungskonzept, doch fließen anschließend auch Elemente des Führungskonzepts in die integrierte Darstellung des Risiko-Managements ein.

Um das Risiko im Gesamtzusammenhang des Managements zu konkretisieren, gehen wir zunächst von den *Funktionen der Unternehmung in ihrer Umwelt* aus. Unternehmungen erfüllen in der modernen Gesellschaft produktive Funktionen, indem sie Sachgüter oder Dienstleistungen anbieten, die der Befriedigung menschlicher Bedürfnisse dienen. Solange die Unternehmung solche Funktionen erfolgreich erfüllt, wird sie *überleben.* Voraussetzung ist, daß sie aufgrund des technischen Fortschritts, des Strukturwandels, der Arbeits- und Verbrauchsgewohnheiten sich ständig anpaßt und ihr Verhalten an den

---

6 Ulrich, H.: Management – eine unverstandene gesellschaftliche Funktion, in: Dyllick, Th.; Probst, G. J. B.: Management, Bern 1984, S. 110ff.

stets komplexer werdenden Problemen ausrichtet. Es drängt sich eine *mehrdimensionale Betrachtungsweise* auf:

– Die *Umwelt der Unternehmung* bestimmt die Möglichkeiten des gegenwärtigen und des zukünftigen Verhaltens. Sie besteht aus einer Vielzahl von sozialen Systemen und Gruppierungen, so insbesondere aus Arbeitnehmern, Lieferanten, Kunden, Kapitalgebern, Konkurrenten, staatlichen und nichtstaatlichen Institutionen aller Art.
– Auf abstrakter Ebene lassen sich zudem *drei Umweltsphären* unterscheiden, welche stets gleichzeitig vorhanden, für einzelne Führungsprobleme jedoch von verschiedener Bedeutung sind. Die *technologische* Sphäre ist naturwissenschaftlich-technisch und bildet die materielle Basis des Wirtschaftens. Die *ökonomische* Sphäre gibt die volkswirtschaftlichen Zusammenhänge wieder, welche für die Unternehmung relevant sind. Die *soziale* Sphäre bezieht sich auf die Gesellschaft schlechthin und schließt Vorgänge der kulturellen, rechtlichen und politischen Ebenen ein. Der Mensch als soziales Wesen steht hier im Mittelpunkt. Schließlich sind die drei Umweltsphären ihrerseits in die *ökologische* Umwelt einbezogen, welche mehr und mehr Randbedingungen für das Verhalten in Wirtschaft und Gesellschaft setzt. Die Periode des kommenden Jahrzehnts dürfte hier früher kaum geahnte Akzente setzen.

In einer ersten Annäherung können wir nun das *Risiko* der Unternehmung als die *Möglichkeit von Störungen* kennzeichnen, welche sich zwischen Unternehmung und Umwelt, in der Unternehmung selbst und natürlich unter dem Aspekt der verschiedenen Sphären vollziehen. Von allem Anfang an gehen wir nicht von einer einzelnen Störkomponente aus: Wir vermuten vielmehr, daß sich im Hin und Her zwischen Umwelt und Unternehmung *komplexe Störprozesse* abspielen, welche bisweilen von selbst an Energie verlieren, in anderen Fällen aber auch ständig verstärkt werden, so daß sie im Endeffekt das Überleben der betroffenen Unternehmung gefährden oder sogar erhebliche Auswirkungen auf die Umwelt zeitigen (Abb. 2).

Auch das Risiko-Management muß sich im integrierten Management-Konzept an diesen Gesamtzusammenhängen orientieren und sich sodann schrittweise mit spezifischen Störprozessen und deren Bewältigung befassen. Im Verlauf des Konzentrationsvorgangs können wir uns zunächst auf die *Märkte und Marktleistungen* beschränken, um zwei zentrale Faktoren des Überlebens zu erfassen. Die Unternehmung tritt auf dem Markt sowohl als Nachfrager wie als Anbieter auf: Auf den *Beschaffungsmärkten* versorgt sie sich mit Arbeitskräften, Anlagen, Informationen, Energie etc., auf den *Absatzmärkten* veräußert sie ihre Sach- und Dienstleistungen. Dabei ergeben sich gegenläufige Leistungs- und Geldströme, deren kontinuierlicher Fluß im Risiko-Management unter dem Aspekt von Störungsmöglichkeiten gesehen wird *(Abb. 3)*. Innerhalb der Unternehmung werden die Beziehungen zu den Umweltfaktoren in verschiedenen Dimensionen abgebildet:

– Die *Funktionsbereiche* lassen sich nach Versorgungsbereich (Verbindung zu den Beschaffungsmärkten) und Vollzugsbereich (Bereitstellung und Absatz der Marktleistung) gliedern. Ihnen übergeordnet ist der Führungsbereich, wo Zwecke und Mittel bestimmt und die notwendigen Prozesse festgelegt, eingeleitet und gelenkt werden.
– Der Dreiteilung der Umweltsphären entspricht im Innern der Unternehmung die Gliederung in eine *technologische, eine ökonomische und eine soziale Gestaltungsebene*.

Abb. 2: Der Ausgangspunkt einer integrierten Risikobehandlung: Möglichkeit von Störprozessen zwischen Unternehmung und Umwelt

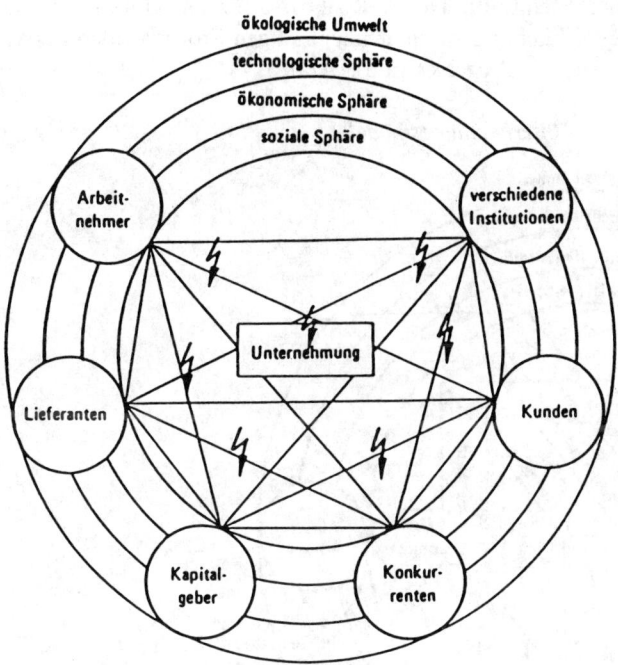

Diese Unterscheidung verfolgt den Zweck, die Führung in ihrer Vielschichtigkeit zu erfassen und Fragen der Technik und der Leistungsgestaltung gleichgewichtig mit jenen der finanziellen Lenkung sowie der individuellen und gruppendynamischen Vorgänge anzupacken. Es ist davon auszugehen, daß jedes in einer Unternehmung zu lösende Problem – somit auch jedes Risikoproblem – technologische, ökonomische und soziale Aspekte aufweist, wenn auch die relative Bedeutung von Fall zu Fall sehr verschieden ist. (Im Hinblick auf das Risiko-Management weist vor allem die soziale Komponente einen deutlichen Nachholbedarf auf.)
- Die Unterscheidung *repetitiver und innovativer Aufgaben* dient vor allem dem Zweck, die unterschiedlichen Anforderungen aus verschiedenartigen Problemsituationen hervorzuheben. Repetitive Aufgaben führen stets zu ähnlichen Ergebnissen, sind stark strukturiert und führen zu intensiven Erfahrungen bei den Unternehmungsangehörigen; innovative dagegen beziehen sich auf einzigartige Problemsituationen, sind schwer vorauszubestimmen, schwach strukturiert und fallen unregelmäßig an. Für die Unternehmung relevante Risikosituationen sind in aller Regel innovativ und zudem oft noch mit dem Odium des Negativen und Pessimistischen behaftet.

Um Störpotentiale und Störprozesse zu erfassen, bedient man sich mit Vorteil der Einteilung in Funktionsbereiche, Gestaltungsebenen, repetitive und innovative Aufgaben. Je nachdem, wo der Schwerpunkt der Störung nach den einzelnen Kriterien zu vermuten ist bzw. wie Störprozesse tatsächlich ablaufen, wird man den Risiken und Störungen mit verschiedenen Maßnahmen begegnen. Entscheidend ist vorläufig, daß wir uns die Beziehung zwischen Beschaffungsmarkt, Unternehmung und Absatzmarkt als einen *„kritischen Pfad"* vorstellen, dessen schwächster Abschnitt das Risikopotential der Unternehmung maßgebend beeinflußt. Dieses Risiko ist für die Unternehmung dann relevant, wenn seine Verwirklichung zu einer nachhaltigen Störung oder gar zu einer Unterbrechung des dargestellten Prozesses führt (Abb. 3).

Abb. 3: Risiko als Störpotential (Unternehmungsmodell)

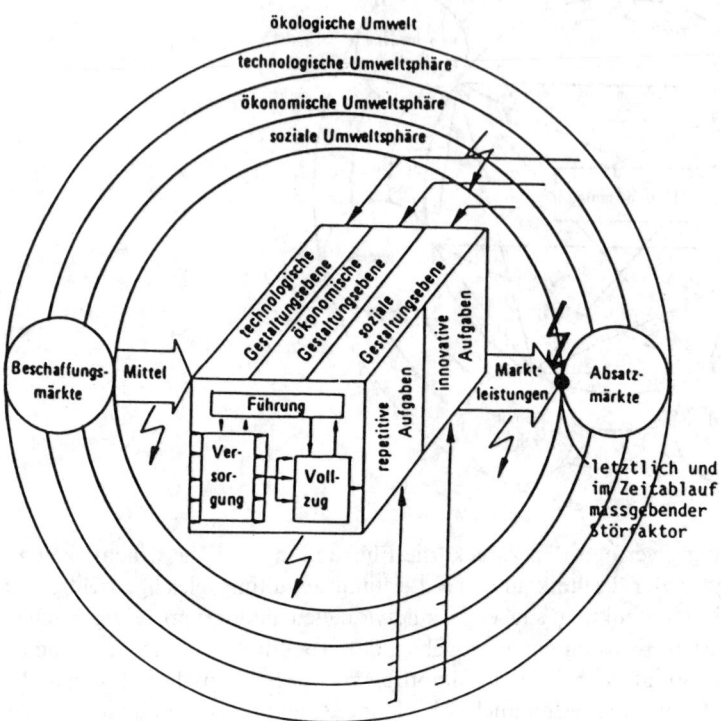

Nach Abschluß der stürmischen Wachstumsphase der sechziger Jahre sah sich manche Unternehmung mit erheblichen Problemen konfrontiert, wenn sich auf dem beschriebenen kritischen Pfad Störungen einstellten. Einerseits waren zahlreiche Unternehmungen nicht mehr in der Lage, die Überwindung von Störprozessen aus dem cash flow zu finanzieren, andererseits zeichnete sich die Tendenz ab, daß auch kleinere Störungen in ihrer Wirkung weit tiefer griffen als früher. Diese *zunehmende Verletzbarkeit der Unternehmung* läßt sich u. a. auf folgende Faktoren zurückführen[7]:

– Die *Anpassung des Angebots* an die Marktnachfrage wird immer schwieriger und zeitraubender. Auch geringfügige Störungen können die erforderliche Unternehmungsdynamik nachhaltig herabsetzen.

7 Vgl. Giarini, O.: Economics, Vulnerability and the Diminishing Returns of Technology, Geneva Papers No. 6, October 1977 sowie Haller, M.: New Dimensions of Risk: Consequences for Management, Geneva Papers No. 7, January 1978.

- Pro abgesetzte Einheit sind zunehmende Investitionen in *Forschung und Entwicklung* erforderlich. Im Falle des Erfolgs ist eine Abschreibung innerhalb kurzer Zeit nötig: Dies führt zum Zwang, in der Erfolgsphase maximal und ohne Unterbruch zu produzieren. Jede Unterbrechung kann sich drastisch auf den Unternehmungserfolg auswirken.
- Die Anwendung moderner Technologie verlangt bessere, schnellere und konzentriertere Produktionsformen: *Spezialisierung auf Kosten der Flexibilität* ist die Folge;
- Bei der Werterzeugung nimmt der Anteil der Produktion relativ ab: *Logistische Probleme* (Versorgung, Verbindungen, Transporte, Informationen) treten in den Vordergrund.
- Die *Wertdichte* der Güter nimmt tendenziell zu.
- *Umweltökonomische Probleme* (recycling, Umweltschutz, Haftungsverschärfungen) erhöhen die Kosten und setzen die Flexibilität – insbesondere bei Störfällen – zusätzlich herab.
- Die Unternehmensführung ist neuartigen *politischen Risiken* ausgesetzt.

Kurzfristig hat aufgrund solcher Entwicklung das Instrument des *Krisen-Managements* Auftrieb erhalten. Es ist darauf ausgerichtet, den unangenehmen Elementen der kritischen Situation – Überraschung, nachhaltige Beeinträchtigungen der Führung und Zwang zur sofortigen Handlung – spezifische Maßnahmen entgegenzusetzen. Mehren sich die Störfälle, so besteht natürlicherweise das Bestreben, auch die Früherkennung, Frühwarnung und anschließende Verhinderung einer ernsthaften Störung in den Sicherungsprozeß einzubeziehen. Damit schließt Risiko-Management das Krisen-Management mit ein, versucht aber nach Möglichkeit, im Störprozess in einer früheren Phase einzugreifen *(Störungs-Management),* ja nach Möglichkeit die Strukturen sogar so zu setzen, daß gewisse Störabläufe erst gar nicht möglich sind *(Verletzbarkeits-Management)* (vgl. Abb. 10).

1.2 Die Konkretisierung des Faktors „Risiko" im Management

Die Berücksichtigung möglicher Störprozesse im Wechselspiel zwischen Unternehmung und Umwelt weist dem Risiko-Management die Funktion zu, die *Führung unter dem speziellen Aspekt der Störpotentiale und der Störungsüberwindung* zu gewährleisten. Einerseits ist der *Sicherungsprozeß* so auszulösen, daß er in Verbindung mit der „normalen" Führung erfolgt, andererseits sind Führungsstrukturen derart zu gestalten und zu entwickeln, daß sie den existentiellen Sicherungsbedürfnissen so gut wie möglich von selbst gerecht werden. Dies ist – man kann dies nicht genügend betonen – nicht bloß ein Problem der materiellen *Wahrheit,* sondern zudem eine Frage der *Wahrnehmung* und der *Kommunikation*. Die Analyse von Störvorgängen mit großen Auswirkungen beweist stets von neuem, daß das praktische Problem der Risikobewältigung vor allem bei den beiden letzten beiden Faktoren liegt; um so mehr hat bereits der verwendete *Risikobegriff* solchen Anforderungen zu entsprechen.

Es fällt leicht, eine Unzahl von *Risikodefinitionen* heranzuziehen[8]. Da solche Defini-

---

8 Vgl. Karten, W.: Die Unsicherheit des Risikobegriffs. Zur Terminologie der Versicherungsbetriebslehre, in: Festgabe für H. L. Müller-Lutz, Karlsruhe 1972, S. 149 ff.; Farny, D.: Betriebs-

tionen nie an sich richtig oder falsch, sondern höchstens zweckmäßig oder unzweckmäßig sein können, werden wir für das Risiko-Management eine Risikovorstellung wählen, welche auf die dargestellte Unternehmungs-/Umweltproblematik Bezug nimmt und möglichst direkt auf die *realen* Risikofaktoren zusteuert. Zum einen soll die *Prozeß*orientierung in den drei Gestaltungsebenen (technisch, sozial, ökonomisch) zum Ausdruck kommen; zum andern interessieren uns im Zusammenhang mit dem Risiko-*Management* nur die *ziel*gerichteten Prozesse, welche aus Planung und Entscheidungen in der Unternehmungsführung resultieren. Unternehmungspläne sind zukunftsgerichtet und bauen in der Regel auf bewußten und unbewußten Erwartungen auf. Deren Verwirklichung ist ungewiß, weil im Planungszeitpunkt keine vollkommene Information besteht und sich zudem die Verhältnisse während der Planverwirklichung unerwartet ändern können. Somit weicht das tatsächliche Ergebnis meist mehr oder weniger vom geplanten ab. Im Idealfall lassen sich die verschiedenen Ergebnisse im voraus in der Form einer Wahrscheinlichkeitsverteilung darstellen, deren Werte objektiv (statistisch) oder subjektiv (durch Abschätzung) gewonnen werden. Auf der Basis eines solchen entscheidungslogischen Ansatzes läßt sich „Risiko" als Wahrscheinlichkeitsverteilung von Ergebnissen einer Aktion interpretieren. Um Management-Faktoren hervorzuheben, wählen wir einen einfacheren Risikobegriff, wollen aber nicht ausschließen, daß dieser sich bei günstiger Datenbasis auch entscheidungslogisch interpretieren läßt:

Risiko = Summe der Möglichkeiten, daß sich Erwartungen des Systems Unternehmung aufgrund von Störprozessen nicht erfüllen (vgl. Abb. 4).

Abb. 4: Risiko: Summe der Möglichkeiten, daß sich Erwartungen des Systems Unternehmung aufgrund von Störprozessen nicht erfüllen.

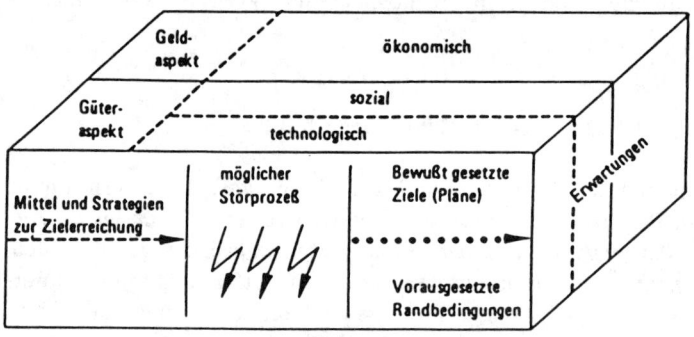

Damit kommen bereits *vier zentrale Eigenschaften* des Unternehmungsrisikos zum Ausdruck:

– „Risiko" ist bloß in einem *zielorientierten System* möglich. Wir wählen statt „Ziel" den weiteren Begriff der *Erwartung,* weil Risiken nicht nur aus bewußt gesetzten Zielen, sondern ebenso aus unbewußt vorausgesetzten Randbedingungen hervorgehen können;

wirtschaftliche Anmerkungen zum Versicherungswert, in: Grundprobleme des Versicherungsrechts, Festgabe für Hans Möller, Karlsruhe 1972, S. 201 ff.

- „Risiko" läßt sich nur im Zusammenhang mit einem *definierten System* umschreiben. In unserem Falle ist dies die Unternehmung (evtl. auch ein Konzern oder ein Unternehmensbereich);
- Risiken und Störprozesse entstehen aus der *Dynamik* der Unternehmung. Es interessiert nicht nur das Endergebnis, sondern der ganze Störprozeß, welcher sich als eine Kette von Störungsursachen und -wirkungen auffassen läßt.
- „Risiko" manifestiert sich in *allen Gestaltungsebenen* des Managements: Der Güteraspekt kommt durch die technologische und die soziale, der Geldaspekt durch die ökonomische Sphäre zum Ausdruck[9].

Für die Risikosituation der Unternehmung ist das Zusammenwirken aller drei Faktoren – Mittel und Strategien, Störprozesse, Erwartungen – entscheidend, obwohl oft fälschlicherweise die Störung allein (z. B. Brand) als Risiko bezeichnet wird. Einzelne Störungsursachen können erst in der Störungskette und letztlich erst in ihrer *Gesamtwirkung auf die Erfüllung der Erwartungen* Gewicht erhalten. Bei der Bewältigung des Unternehmungsrisikos geht es daher zunächst nicht um die Beschäftigung mit Störungen, sondern mit Zielen und Plandaten, denn ohne Ziele bestehen auch keine Risiken. In der Praxis ist allerdings ein anderes Phänomen häufiger: Weil Ziele nicht ausdrücklich formuliert werden, sind den Unternehmungsangehörigen die entsprechenden Risiken ebenfalls nicht bewußt. Im Schadenfalle wird man dann zur Erkenntnis gelangen, daß unbewußt vorausgesetzte Randbedingungen für den Erfolg der Unternehmung ebenso bedeutend waren wie die bewußten Pläne.

Wie die Analyse von Großschadenereignissen eindeutig gezeigt hat, kommt dem *Bewußtseinsfaktor* vor jeder rein logischen Erwägung im Risiko-Management die entscheidende Bedeutung zu. Es läßt sich nämlich feststellen, daß verletzte Randbedingungen der Unternehmungsaktivität Ursprung und Ablauf von Störungen immer stärker beeinflussen, von den Führungsangehörigen jedoch nach wie vor vernachlässigt werden, weil man die Erörterung solcher Fragen als lästig empfindet. Damit nimmt die Entscheidungsqualität tendenziell ab. Angesichts einer zunehmenden Ungewißheit bezüglich der Umweltentwicklung und rasch zunehmender Schadenpotentiale ist es deshalb ein Hauptanliegen des Risiko-Managements, daß *Risikofragen überhaupt gleichgewichtig in den Entscheidungsprozeß* eingebracht werden.

Mit Blick auf das Risikobewußtsein in der Führung erscheint es zweckmäßig, nochmals auf das Unternehmungsmodell zurückzugreifen und zwei Arten möglicher Störprozesse zu unterscheiden (Abb. 5):

(1) Mögliche Störprozesse, welche die Erfüllung von *bewußt gesetzten Unternehmungszielen* beeinträchtigen (z. B. uneffiziente Forschung, falsche Produktwahl, verfehlte Personalpolitik, Absatzstörungen);
(2) mögliche Störprozesse, welche die Zielerfüllung durch die Verletzung von (meist unbewußt vorausgesetzten) *Randbedingungen* gefährden (z. B. Ausfall von Schlüsselpersonen, Produktehaftpflicht, politische Krisen).

---

9 Zur Problematik des Zusammenwirkens von Güteraspekt und Geldaspekt vgl. auch Haller, M.: Sicherheit durch Versicherung? – Gedanken zur künftigen Rolle der Versicherung, I. VW-Schriftenreihe, Band 1, Bern/Frankfurt 1975, insbesondere Kapitel 1 und 2.

Die direkten Störpotentiale (1) wollen wir als *Aktionsrisiken,* die indirekten (2) als *Bedingungsrisiken* kennzeichnen. Beide interessieren unter dem Blickwinkel der Unternehmungsführung nur dann, wenn tatsächlich die Erfüllung der Unternehmungsziele gefährdet ist.

Abb. 5: Aktionsrisiken und Bedingungsrisiken

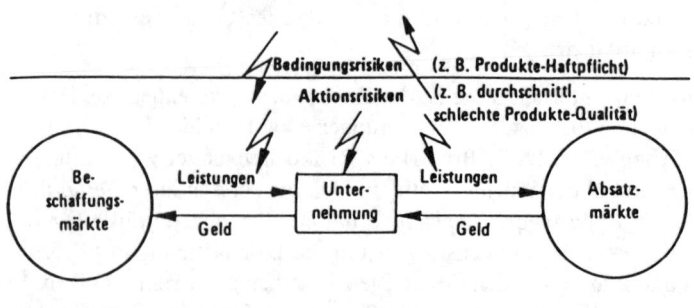

Die Unterscheidung von Aktionsrisiken und Bedingungsrisiken wirkt sich unmittelbar auf das Risiko-Management aus.

Im Sicherungsprozeß ist davon auszugehen, daß die Unternehmungsangehörigen die Risiken im Zwischenfeld von Beschaffungsmarkt und Absatzmarkt *(Aktionsrisiken)* am besten kennen. Auch besitzen sie oft eine gewisse Erfahrung mit Störungen, welche sich zwischen Beschaffung und Versorgung einerseits, zwischen Vollzug und Absatz andererseits verwirklicht haben. Weil hier die Risiken bewußt sind, kann sich das Risiko-Management weitgehend auf die Koordination der Risikoanalyse und der Sicherungsmaßnahmen beschränken.

Anders dagegen im Bereich der *Bedingungsrisiken:* Die Gefährdung der Randbedingungen muß mangels eigener Erfahrungen künstlich in die Führungskanäle „hineininformiert" werden. Diese Tätigkeit ist wenig populär, kann sie doch bestenfalls dazu beitragen, daß nichts passiert. (Risiko-Management wird hier somit eher als zusätzliche Störung empfunden.) Um so wichtiger ist es, solche Aufgaben in die Planungsprozesse einzubeziehen und die als notwendig beurteilten *Sicherungsmaßnahmen nicht als passive Abwehr, sondern als aktiven Beitrag zur Erfüllung der Unternehmungsziele* in die Führung aufzunehmen: Information und Motivation gewinnen einen hohen Stellenwert.

Die Unterscheidung zwischen Aktions- und Bedingungsrisiken ist *psychologischer* Natur und erhebt keinen Anspruch darauf, daß bestimmte Risikoarten auf die Dauer der einen oder der anderen Gruppe zuzuordnen seien. Im Gegenteil ist Risiko-Management darauf ausgerichtet, die Randbedingungen, soweit sie für den Unternehmungserfolg relevant sind, den Führungsangehörigen bewußt zu machen und damit Bedingungsrisiken in Aktionsrisiken überzuführen. Inbesondere darf diese Unterscheidung keinesfalls in die Nähe der Differenzierung von „reinen" und „spekulativen" Risiken gerückt werden, wonach reine (meist auch versicherbare) Risiken nur die Verlustmöglichkeit beinhalten, während spekulative Risiken zusätzlich eine Gewinnchance verkörpern. Diese Einteilung sollte nicht nur aus logischen Gründen abgelehnt werden[10]; sie ist auch darum zu verwerfen, weil eine Beschränkung des Risiko-Managements auf die sog. „reinen" Risiken den Einbezug in das normale Management systematisch verhindert. Sobald als „Risiko" nicht mehr bloß eine einzelne Störungsursache und deren Wirkung, sondern die Möglichkeit des gesamten Störprozesses und dessen Gesamtwirkung auf die Zielerreichung der Unternehmung aufgefaßt wird, rücken sog. „reine" Risiken ohnehin in den „spekulativen" Bereich vor, dies schon allein darum, weil sich jeder Verzicht auf Sicherungsmaßnahmen auch als gewinnorientierte (bzw. kostensparende) Entscheidung interpretieren läßt.

Oft wird eine weite Fassung des Risikobegriffs für das Risiko-Management mit der Begründung abgelehnt, daß damit jedes Management zum Risiko-Management werde. Wohl trifft es zu, daß praktisch in jedem Management der Faktor RM enthalten ist: Während „normales" Management aber auf die Optimierung der Unternehmungsziele ausgerichtet ist, richtet sich der Schwerpunkt des Risiko-Managements gegen existenzbedrohende *Abweichungen von den Unternehmungszielen,* dies völlig gleichgültig, in welchem Zusammenhang das Bedrohungspotential entsteht. Damit sind die Grenzen zwischen beiden naturgemäß fließend, was unter dem Aspekt der Integration des Risiko-Managements in die Führung durchaus zu begrüßen ist und dem systemorientierten Denken entspricht.

1.3 Ambivalenz der „Sicherheit": Konsequenzen für die Leitidee im RM

Wenn wir Risiko-Management als Führung unter dem Aspekt der Störpotentiale und der Störungsüberwindung definieren, so scheint indirekt auch die umgekehrte Umschreibung als Sicherheits-Management vorgegeben zu sein. Bei näherer Betrachtung trifft dies jedoch nur zum Teil zu, und gerade aus einer Berücksichtigung des Bewußtseins und des Kommunikationselementes im RM ergibt sich das Bedürfnis, den eigenständigen Gehalt des Phänomens und des Ziels „Sicherheit" vertieft zu betrachten. Wer „Sicherheit" anspricht, wird neben den Störungsaspekten, Erwartungsabweichungen und Wahrscheinlichkeitsverteilungen von Ergebnissen stets auch qualitative Aspekte im menschlichen Bewußtsein mitdefinieren, auch wenn er sich selbst dessen nicht bewußt zu sein braucht. Sind solche Aspekte in Ziel- und Wertaussagen zur Sicherheit tatsächlich enthalten, so findet sich der Gegenbegriff weniger in „Risiko" als in „Gefahr", so daß man die „Sicherheit" in einem ersten Schritt auch als Zustand der „Gefahrenlosigkeit"[11] umschreiben könnte: Im Sinne der *äußeren Sicherheit* besteht Schutz vor bestimmten Gefahren (z. B. finanzielle Sicherheit, Funktionssicherheit), bei der *inneren Sicherheit* handelt es sich um Sicherheitsgefühle (z. B. Ordnung und Orientierung, Geborgenheit). Nun könnte man geltend machen, daß Unternehmungen als Systeme sich gerade dadurch kennzeichnen, daß sie als solche keinen Bewußtseinszustand annehmen können, mithin der Bewußtseinsaspekt der Sicherheit in diesem Zusammenhang nicht relevant

---

10 Vgl. Karten, W.: Die Unsicherheit des Risikobegriffs, a. a. O., sowie Farny, D.: Grundfragen des Risk Management, in: Risk Management – Strategien zur Risikobeherrschung, Gebera-Schriften Band 5, Köln 1979, S.11 ff.
11 Vgl. Kaufmann, F. X.: Sicherheit als soziologisches und sozialpolitisches Problem, 2. Auflage, Stuttgart 1973, S. 150 ff., sowie Haller, M.: Sicherheit durch Versicherung?, a. a. O., S. 37 ff.

sei. Eine solche Argumentation berücksichtigt den Tatbestand nicht, daß *innerhalb* der Unternehmung, bei den Angehörigen des Managements, Sicherheitserwägungen und -gefühle eine bedeutende Rolle spielen. Sie prägen in ihrer Gesamtheit und über die Interaktionen den Sicherheitszustand *der* Unternehmung ganz entscheidend, und so wird es zu einer wichtigen Führungsaufgabe, über die Summe der individuellen Maßnahmen eine *„Sicherheitskultur"* zu prägen, welche Teil der Führungsfunktion des Risiko-Managements ist.

Die Beurteilung wie die Maßnahmen zur Veränderung des Sicherheitszustands von Unternehmungen haben zunächst von einer ausgeprägten *Ambivalenz der Erfahrung von „Sicherheit"* bei jedem einzelnen auszugehen. Wie die Analyse des aktuellen Stands von Sicherheit zeigt[12], erfährt das Individuum Sicherheit und Gefahr im heutigen Zeitpunkt auf eine spezielle Art: Der Gefahrenhorizont entfernt sich zunehmend, der einzelne ist in die mögliche Auseinandersetzung mit Unsicherheiten kaum mehr einbezogen. Dies gilt nicht bloß für jene globalen Unsicherheiten wie „Umweltzerstörung" und „atomare Bedrohung" – auch im Alltagsbereich der Familie und des Betriebs finden parallele Entfremdungen statt, weil die Produktionsformen und die Ausgestaltung der Sicherungssysteme vorwiegend auf eine Verbesserung der äußeren Sicherheiten hinwirken, während Beiträge zur inneren Sicherheit und zum Einbezug oft vernachlässigt werden. Zudem läßt sich feststellen, daß die Sicherheitssysteme mehrheitlich auf die unmittelbare Verbesserung des einzelnen Sicherheitszustandes, nicht aber auf einen längerfristigen Prozeß und eine Anhebung der Sicherheit im Zusammenwirken des Gesamtsystems ausgerichtet sind.

Um hier eine nachhaltige Verbesserung zu erzielen, bedarf es vorerst bei allen Führungsorganen und bei den durch die Führung Angesprochenen einer veränderten Einstellung zu Sicherheit und Unsicherheit. Zentrales Anliegen ist die *persönliche Auseinandersetzung jedes einzelnen mit Unsicherheit und mit Risiko,* wobei davon auszugehen ist, daß nicht jede Form von Sicherheit erstrebenswert ist, so wenig umgekehrt sämtliche Unsicherheiten als negativ zu beurteilen sind. Beide – Sicherheit wie Unsicherheit – weisen je positive und negative Aspekte auf; der vermeintliche Widerspruch läßt sich dadurch beheben, daß Sicherheit sowohl als (statischer) Zustand wie auch als (dynamischer) Prozeß gesehen wird. Dieses Spannungsfeld kommt in *Abbildung 6* zum Ausdruck[13].

Einerseits hat *Unsicherheit wichtige positive Merkmale,* welche bei der persönlichen Auseinandersetzung mit dem Risiko nicht vernachlässigt werden dürfen. Positive Unsicherheit äußert sich im Reiz von neuen Erfahrungen – und dies nicht bloß als Chance (Hoffnung auf Mehrung und Aufbau), sondern sogar als Gefahr (Meisterung von Gefahrensituationen).

Durchgestandene Gefahrensituationen stärken das Vertrauen auf die eigenen Möglichkeiten und heben somit den Status der Sicherheit, welcher in Abbildung 6 rechts eingetragen ist. Ein Mangel an solch echter, selbst erlebter Gefahrenüberwindung ist wohl gerade das Kennzeichen der Industriegesellschaft. Dieser Mangel wird durch die Ersatzerlebnisse – von der Sensationspresse bis zu „XY-ungelöst" – keineswegs beho-

---

12 Vgl. Haller, M.: Sorgfalt und (Ver-)Sicherung, in: Vorsorge im Betrieb, Informationen der Winterthur-Versicherungen, Nr. 3, 1983, S. 11.
13 In Anlehnung an Brauchlin, E.: Mensch und Risiko im Entscheidungsprozeß, I.VW-Beiträge zur Sicherheitsökonomik, Heft 2, St. Gallen 1979, S. 12.

Abb. 6: Die „Sicherheitsbilanz" als Ausdruck der Ambivalenz der Sicherheit

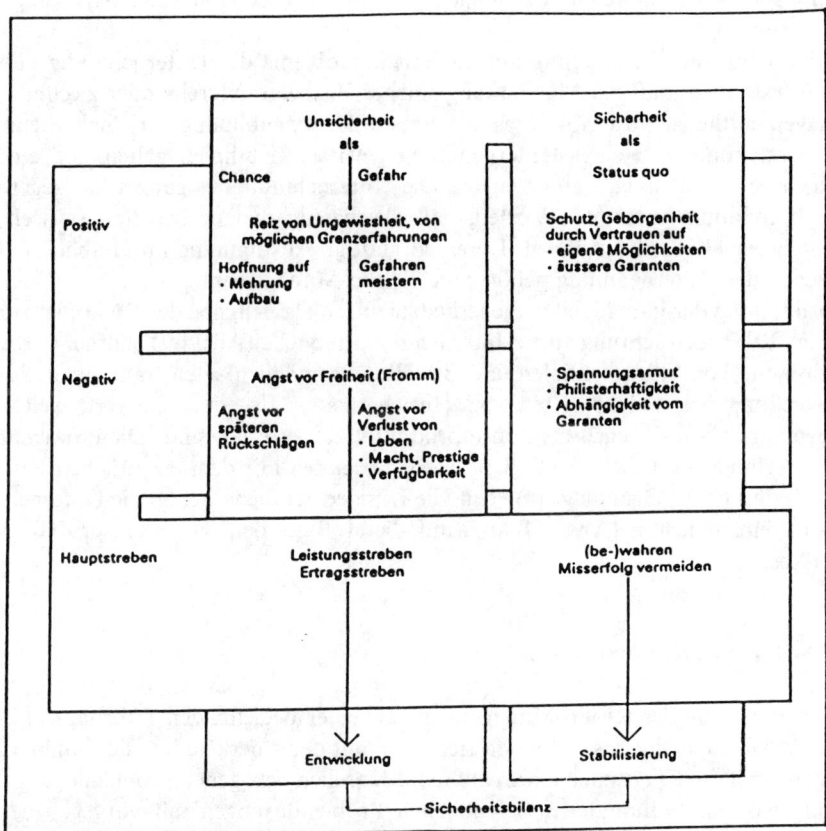

ben: Im Gegenteil vermögen sie Angstzustände durchaus auszulösen, während die positive Wirkung unterbleibt.

Andererseits ist zu berücksichtigen, daß *Sicherheit im Sinne des Status quo nicht bloß positive Merkmale* enthält: Spannungsarmut, Philisterhaftigkeit und Abhängigkeit von (äußeren) Garanten sind unerwünschte Zustände, bei welchen ein Vakuum an Er-leben einen Überdruck bei Ersatzhandlungen bis hin zu Aggression auslöst. Damit schließt sich der Kreis zu den dynamischen Faktoren der Sicherheit.

Gesamthaft ist somit nicht eine maximale, sondern eine *optimale* Sicherheit (und Unsicherheit) anzustreben. Die persönliche „Sicherheitsbilanz" enthält auf der einen Seite das (dynamische) Streben nach Leistung und Ertrag, während die Gegenseite durch das (statische) Streben nach Bewahrung und Erhaltung gekennzeichnet ist. Man könnte es auch kurz als *Ausgleich zwischen Entwicklung und Stabilisierung* bezeichnen. Natürlich ist ein Ausgleich nur im Zeitverlauf möglich, in welchem sich an Phasen der Entwicklung Phasen der Stabilisierung anschließen. Ein solches „Fließgleichgewicht" wird am ehesten dann erreicht, wenn weder die Entwicklung noch die Stabilisierung bestimmte Schwellenwerte nach oben und unten überschreiten. Wo solche Schwellenwerte anzusetzen sind, hängt nicht nur von der individuellen Risikoneigung und vom physischen und psychischen Durchhaltevermögen, sondern ebenso von sozialpsychologischen Prozessen ab.

Im Hinblick auf die Übertragung auf Sicherheitsprobleme der Unternehmung läßt sich vorerst festhalten, daß die Abstimmung solcher Bilanzen untereinander zweifellos zum Managementthema wird. Soweit es nun um die Kriterienbildung zum Sicherheitsverhalten geht, können in einer Unternehmung gewisse Richtlinien gelten, um eine ausgeglichene Sicherheitsbilanz zu erzeugen. Die Unternehmung als ganzes hat gegenüber dem Individuum sogar den Vorteil, daß gleichzeitig dynamische und statische Phasen durchgespielt werden können: Deren sorgfältige Abstimmung im Hinblick auf das Überleben der Unternehmung gehört zum Risiko-Management.

Die Abstimmung der individuellen Sicherheitsbilanzen als Aufgabe des RM führt zur eigentlichen Risikobetrachtung im Unternehmungsmodell (Abs. 1.2) zurück: Die Berücksichtigung von Störpotentialen und Bewältigungsmöglichkeiten trägt zur richtigen Entscheidung bei, welche Arten von Unsicherheiten als erstrebenswert, welche Sicherungsmaßnahmen dagegen als kontraproduktiv zu bewerten sind. Diese *bewußte* Abwägung verbindet das Sicherheits-/Unsicherheitsdenken mit dem eigentlichen Risikodenken. Damit ist die Grundlage gegeben, die Leitidee der Sicherheit in die Unternehmungspolitik einzugliedern (Abs. 1.4) und auf dieser Basis den Sicherungsprozeß zu gestalten (Abs. 2).

1.4 Sicherheit und Unternehmungspolitik

Mit der Anerkennung des Risiko-Managements als einer begleitenden Führungsfunktion ist die Frage nach einem sachlogisch richtigen, mit der Anerkennung der Ambivalenz der Sicherheit die Frage nach einem auf den Menschen bezogenen Problemlösungsprozeß aufgeworfen. Während wir bei üblichen Problemlösungen mit vorgegebenen Zielen operieren können, fehlt dem Problem „Risiko" eine einheitliche Zielsetzung, an der sich die Lösung ausrichten könnte. Das Ziel „*Sicherheit*" läßt sich nämlich bei näherer Betrachtung nicht neben die übrigen Unternehmungsziele setzen, sondern rückt vielmehr hinter die übrigen Ziele. Aus diesem Grund betrachten wir zunächst die Beziehung zwischen dem Anliegen nach Sicherheit und der Unternehmungspolitik als solcher.

Um das kurzfristige Überleben des Systems „Unternehmung" zu gewährleisten, bedarf es einer Vielzahl von grundsätzlichen Erwägungen und langfristig wirksamen Entscheidungen, welche dem „Fließgleichgewicht" zwischen Unternehmung und Unternehmungsumwelt gelten[14]. Diesem Zweck dient die Unternehmungspolitik, indem sie unternehmungsintern eine inhaltliche, zeitliche und geistige *Koordination der Willensbildung* anstrebt, unternehmungsextern die gegenseitige Beeinflussung von Unternehmung und Umwelt bewußt in die Verhaltensweise der Unternehmung einbezieht. Würde dieser Forderung in der Unternehmungspraxis Genüge getan, so könnte auf ein spezielles Risiko-Management verzichtet werden. In jeder Entscheidung würden die angestrebten Ziele und die Möglichkeiten der Zielabweichung samt ihren Folgen auf Unternehmung und Umwelt berücksichtigt. Von diesem Idealzustand sind wir jedoch weit ent-

---

14 Vgl. Ulrich, H.: Unternehmungspolitik, Bern/Stuttgart 1978, S. 20.

fernt, so daß es zweckmäßig erscheint, die Sicherung als ergänzende Führungskomponente bewußt wahrzunehmen und im Rahmen der Unternehmungspolitik eine *Sicherheits- oder Risikopolitik* zu formulieren. Sie ist darauf ausgerichtet, den Sicherheitsgedanken in den Unternehmungsentscheidungen durchgängig zu berücksichtigen und damit auch die Leitziele des Risiko-Managements auf operationeller Stufe festzulegen. Wichtiger als die Formulierung in einem separaten Dokument ist allerdings der Einbezug der *Sicherheit als Leitidee*.

Damit ist die Konkretisierung der Risikopolitik und der *Sicherheitsziele* aufgeworfen (vgl. Abb. 7). Um die speziellen Inhalte von „Sicherheit" zu berücksichtigen und das Bedürfnis nach einem Ausgleich der Sicherheitsbilanz zu erfüllen, kann als Kriterium das Anliegen dienen, im relevanten Unternehmungssystem (Konzern, Unternehmung, Abteilung) die *„normalen" Ziele über die Zeit hin (A)* zu erfüllen. Dabei geht es nicht nur um die geldmäßigen Zielsetzungen der Unternehmung (Zahlungsbereitschaft, Ertrag und Wirtschaftlichkeit), sondern ebenso um güterliche Erwartungen, welche sich in der leistungswirtschaftlichen Dimension (Marktziele, Produktziele, Qualität) und in der sozialen Dimension (Mitarbeiter- und gesellschaftsbezogene Ziele) manifestieren. Auch die *Sicherung der Randbedingungen (B)* ist Teil des allgemeinen Sicherungsziels, während sich ein dritter Sicherungsaspekt in der *Risikoneigung (C)* äußert. Die positiv aufgefaßte Risikobereitschaft ist nach wie vor Voraussetzung zum Unternehmungserfolg, wird aber auch Teil des Risiko-Managements im besonderen, weil sie die Erfahrung und Auseinandersetzung mit den Risiken fördert. Solche Erfahrung begünstigt die Störungs- und Krisenresistenz des Gesamtsystems, setzt aber die kompromißlose Bereitschaft höherer Führungskräfte voraus, bei den nachgeordneten Führungsstufen aufgrund von Wagnissen eingetretene Abweichungen dann auch wirklich hinzunehmen!

Abb. 7: „Sicherheit" als Metaziel im Rahmen der Unternehmungspolitik

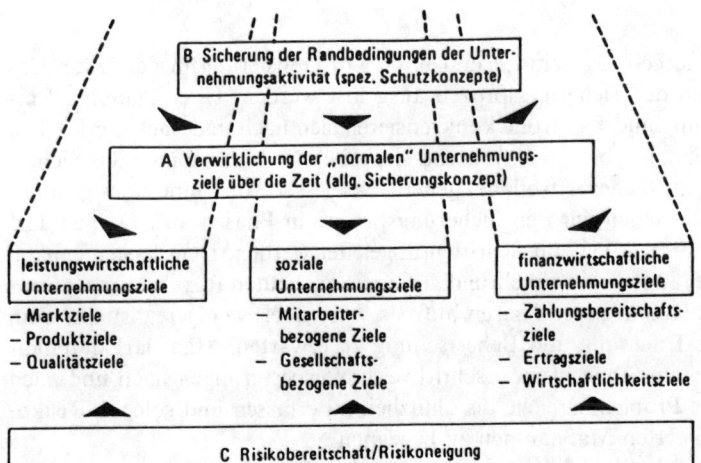

Wer auf unternehmungspolitischer Stufe Aussagen zur Sicherheit macht, muß sich somit zugleich auf drei Ebenen beziehen:

(1) Das *allgemeine Sicherungskonzept* bezieht sich auf die *Aktionsrisiken* (vgl. Abb. 4). Typus der Überlegung: Wollen wir eine Politik der stabilen Dividendenausschüttung betreiben oder im Hinblick auf längerfristige Marktbedrohungen die Forschung und Entwicklung forcieren?
(2) *Spezielle Schutzkonzepte* beziehen sich auf die *Bedingungsrisiken*. Typus der Überlegung: Wollen wir die Produktionslinie aus Kostengründen auf eine Anlage konzentrieren, oder sollen bewußt zwei Betriebsstätten geführt werden, um eine Betriebsunterbrechung mit Marktverlust praktisch auszuschalten?
(3) Aussagen zur *Risikoneigung* (Risikobereitschaft). Typus der Überlegung: Wollen wir unter zwei Investitionsprojekten jenes mit größeren Gewinn-, aber auch größeren Verlustchancen oder jenes mit kleinerem, aber praktisch sicherem Gewinn verwirklichen[15]?

Aussagen des Typus (1), (2) und (3) wurden und werden in den Unternehmungen auch ohne Risiko-Management längst gemacht. Allerdings stellt man in der Praxis oft fest, daß sich derartige Überlegungen auf spezielle Aufgabenbereiche beschränken und insbesondere der Bereich (2) vernachlässigt wird. Aufgabe des Risiko-Managements ist es, die bereits vorhandenen Konzepte aufzuarbeiten, Lücken zu ergänzen und die Sicherheitspolitik im Gesamtzusammenhang zu formulieren.

Die Anerkennung der Sicherheit als Leitidee schließt somit den Willen ein, über eine formulierte Sicherheitspolitik Verhaltensnormen zur *Sicherung* koordiniert durchzusetzen, zugleich aber auch die *Risikobereitschaft* der Unternehmungsangehörigen im erwünschten Ausmaß zu unterstützen, dies mit dem Ziel, die Störungsresistenz der Unternehmung zu fördern.

2. Gestaltung und Ablauf des Sicherungsprozesses

Auf der Basis der Sicherheit als Leitidee und ihrer Konkretisierung in der Unternehmungspolitik kann nun der Sicherungsprozeß ausgelöst werden. Über Planung, Entscheidung, Durchführung und Kontrolle konkretisieren sich nach und nach die Risiken verschiedener Unternehmungsbereiche, während sich über die Maßnahmen das Sicherheitsniveau (ausgewogene Sicherheitsbilanz) generell verbessert. Im Sinne eines gedanklichen Ordnungsgerüstes teilen wir den Sicherungsprozeß in Phasen auf. Daraus darf aber keinesfalls eine starre Folge von Schritten abgeleitet werden: Dem Systemdenken gemäß (vgl. Abs. 1.1) drängt sich ein mehrmaliges, im ausgebauten Risiko-Management sogar ständiges Durchlaufen dieser Phasen auf. Es wäre auch wenig realistisch, vom Sicherungsprozeß eine Erfassung und Beherrschung zu erwarten. Man darf durchaus zufrieden sein, wenn es im Sinne kleiner, schrittweiser Verbesserungen nach und nach gelingt, immer größere Problembereiche als Ganzheit zu erfassen und solchen Risikokomplexen mit koordinierten Maßnahmen zu begegnen.

In diesem Sinne läßt sich die *Sicherung als kreisförmiger Prozeß* darstellen, der sich an den Erwartungen in der Unternehmung ausrichtet und der Dynamik der möglichen Störprozesse gerecht zu werden versucht (Abb. 8).

15 Vgl. Brauchlin, E.: Mensch und Risiko im Entscheidungsprozeß, a. a. O., S. 7 ff.

Abb. 8: Der Sicherungsprozeß

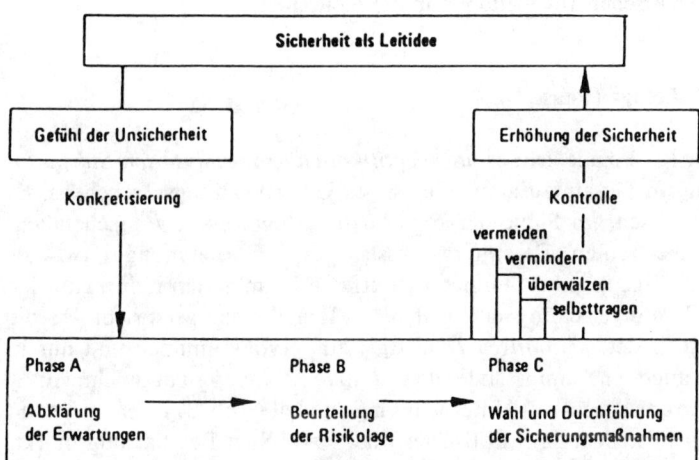

2.1 Abklärung der Erwartungen (Phase A)

Wenn sich Risiken in der Summe der Möglichkeiten manifestieren, daß sich Erwartungen des Systems „Unternehmung" aufgrund von Störprozessen nicht erfüllen, so dient die Präzisierung der Erwartungen dazu, den Sicherungsprozeß in die richtige Richtung zu lenken. So trivial diese Forderung erscheinen mag – sie wird in der Praxis weitaus am häufigsten verletzt, indem zunächst Sicherungsmaßnahmen erwogen werden, ohne daß die Ziele und Randbedingungen bekannt sind, deren Erfüllung es zu gewährleisten gilt.

Was *1. die Ziele und Plandaten* betrifft, bietet eine schriftlich formulierte Unternehmungspolitik die beste Gewähr für ein in die Gesamtführung integriertes Risiko-Management. Wir haben bereits festgehalten, daß neben die Formulierung leistungswirtschaftlicher, sozialer und ökonomischer Ziele auch die Präzisierung der Risikobereitschafft tritt.

Was *2. die Randbedingungen* betrifft, so dürften selbst fortschrittliche Unternehmungen noch kaum über systematische Aussagen dazu verfügen. Aus psychologischen Gründen erscheint es zweckmäßig, auch die erwarteten Randbedingungen der Unternehmungstätigkeit ähnlich wie Ziele zu formulieren, insbesondere eine positive Ausdrucksweise einer negativen vorzuziehen. (Beispiel: Wir wollen sicherstellen, daß bei einer Betriebsunterbrechung aus Brand mindestens 70% des Jahresausstoßes und 85% des cash flow gewährleistet bleiben).

Eine derartige Formulierung von Zielen und Randbedingungen ist vor allem dazu geeignet, das Risiko-Management besser in die „normale" Führung zu integrieren. Sie zwingt nicht nur die Risikobeauftragten, sich in der Begriffs- und Vorstellungswelt des Top- und Linien-Managements zu bewegen; es werden auch Impulse in der Gegenrichtung ausgelöst, indem Verantwortliche von Unternehmungsbereichen sich vermehrt für Störphänomene zu interessieren beginnen, welche ihrem Fachbereich fernliegen. Schließlich schafft die Formulierung von Randbedingungen in der Risikopolitik die

Voraussetzungen für einen persönlichen Einsatz der oberen Führungsangehörigen und die Bewilligung von spezifischen Investitionen in die Sicherheit.

2.2 Beurteilung der Risikolage (Phase B)

Bei der Beurteilung der Risikolage geht es um *Identifikation und Analyse von Störfaktoren und deren Wirkung* im Gesamtzusammenhang des Unternehmungsgeschehens. Es wäre wie gesagt unrealistisch, im Sinne der Entscheidungslogik eine Wahrscheinlichkeitsverteilung von angestrebten Gesamtergebnissen der Unternehmung (etwa als Periodenerfolg oder als Eigenkapital definiert) zu erfassen, um sodann eine günstige Veränderung dieser Gesamtverteilung einzuleiten[16]. Mehr Erfolg verspricht es, die Risikoanalyse zunächst in der *qualitativen Dimension* zu vervollkommnen und nur in relativ seltenen Fällen auch eine umfassende, quantitative Schätzung vorzunehmen:

Zunächst können wir uns erneut am Unternehmungsmodell (Abb. 3) orientieren und eine Lupenbetrachtung anstellen. Im „kritischen Pfad" zwischen Beschaffungsmarkt, Unternehmung und Absatzmarkt spielen verschiedene Komponenten der Versorgung und des Vollzugs zusammen. Eine Störung wird immer dann für den Markterfolg der Unternehmung relevant werden, wenn der innere und äußere Fluß zum Absatzmarkt unter technischen, sozialen oder ökonomischen Gesichtspunkten unterbrochen wird. Meist spielen mehrere Störungen bzw. Störungen aus mehreren Bereichen zusammen, daß es zu solchen Zuständen kommt. Aus diesem Grund drängt sich eine Gesamtbetrachtung auf, welche die Absatzmärkte zum Ausgangspunkt nimmt und die einzelnen Ströme rückwärts bis zu den Ursprüngen und Knotenpunkten verfolgt (Abb. 9).

Abb. 9: Risikoanalyse aufgrund der Gesamtbeurteilung von Störprozessen über die Funktionsbereiche (Beurteilung der Gesamtwirkung)

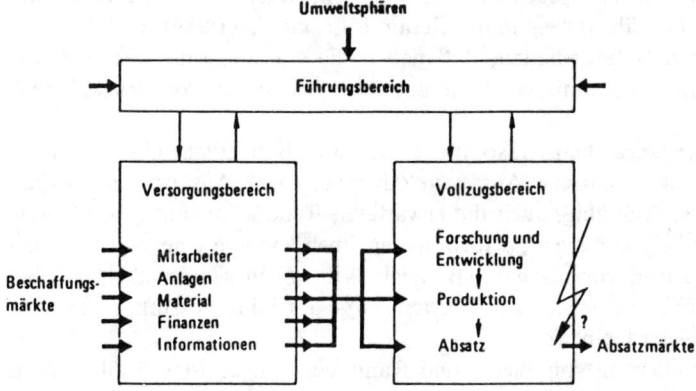

---

16 Zum Verhältnis zwischen Risiko-Management und Entscheidungslogik vgl. Karten, W.: Aspekte des Risk Managements, in: Risk Management – ein neuer Ansatz der unternehmerischen Risikopolitik?, Betriebswirtschaftliche Forschung und Praxis 4, 1978, S. 308 ff., sowie Farny, D.: Grundfragen des Risk Management, a. a. O.

Allein die systematische Diskussion aller Schwachstellen und „Flaschenhälse" aus der Verbindung der Funktionen bewirkt, daß sich die Angehörigen der Unternehmensführung mit den relevanten Störprozessen auseinandersetzen und Gegenmaßnahmen einleiten. Auch wenn in einer ersten Phase nur die Bedrohungspotentiale (z. B. im Sinne größtmöglicher Schäden) erfaßt werden, dürfte dies genügen, um Korrekturen in die richtige Richtung vorzunehmen. Eine Unternehmung, welche vorher kein systematisches Risiko-Management betrieben hat, ist mit derartigen Analysen über längere Zeit in Anspruch genommen, wenn Risiko-Management sich auf eine begleitende Führungsfunktion beschränkt.

Die Vertiefung der Risikoanalyse wird in einer nächsten Stufe dadurch erreicht, daß bewußt auf die *Stördimension* Bezug genommen wird und die Störprozesse in ihre *Kom-*

Abb. 10: *Beurteilung der Risikolage durch Evaluation von Störungsketten*

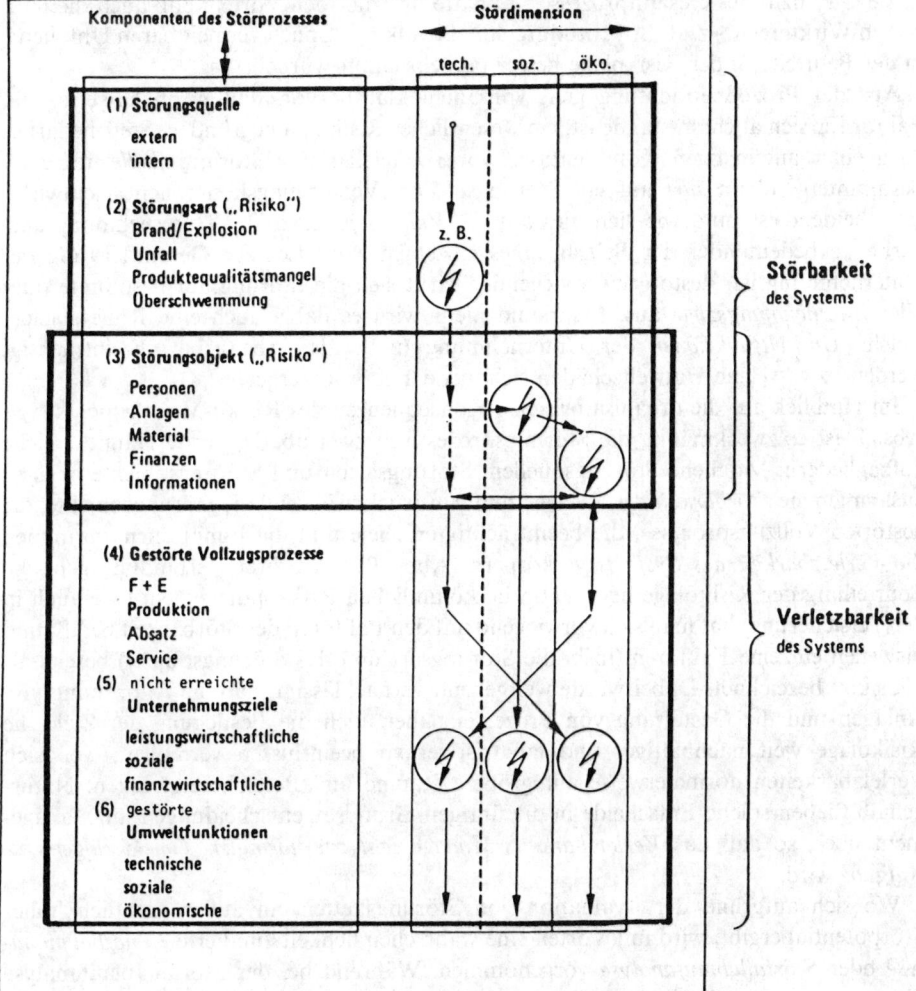

ponenten untergliedert werden. Konkrete denkbare Störprozesse, z. B. der Verlauf eines Produktehaftpflichtfalls im Bereich eines entscheidenden Cash-flow-Trägers, werden derart in einzelne Elemente zerlegt, daß kritische Stellen und Verstärkungsprozesse im Rahmen der *Störungskette* zum Vorschein kommen (Abb. 10, S. 29).

Die Aufgliederung von Risikofaktoren in Störungsketten läßt die gegenseitigen Verknüpfungen von Erfolgsvoraussetzugen deutlich erkennen: Einerseits handelt es sich im Risiko-Management um die Absicherung von *Potentialen* (Faktor „Störungsobjekt" der Kette), andererseits kommt die Gesamtstörung erst in ihrer Wirkung auf den *Prozeßerfolg* zum Ausdruck. Eine Sonderstellung nimmt allerdings das gestörte Objekt „Mensch" dar: Um seinetwillen werden direkt Sicherungsmaßnahmen ausgelöst, welche keiner weiteren Rechtfertigung im gesamten Störprozeß der Unternehmung bedürfen. (Man könnte diesen Aspekt aber auch dadurch berücksichtigen, daß die Bedrohung von Menschen als Verletzung der sozialen Ziele aufgefaßt werden. Dann gilt auch diesbezüglich das Prinzip des Gesamtprozesses; es hätte überdies den Vorteil, daß auch die indirekten Wirkungen – z. B. Boykott durch die Bevölkerung nach vermeidbaren Unfällen – in der Beurteilung der Risikolage besser berücksichtigt würden.)

Aus der Prozeßbetrachtung geht vor allem klar hervor, daß normalerweise kein Faktor für sich allein imstande ist, ein wesentliches Risiko zu begründen. Stets bedarf es dazu einer ungünstigen Kombination, wobei zunächst eine Störungs*quelle* mit einer bestimmten Störungs*art* auf ein Störungs*objekt* (Versorgungskomponente) einwirkt. Entscheidend ist nun, wie sich dies auf die *Vollzugsprozesse* der Unternehmung auswirkt. Je bedeutender der Beitrag eines einzelnen Prozesses zur Gesamtleistung der Unternehmung ist, desto schwerwiegender wirkt sich die Störung auf bestimmte oder alle *Unternehmungsziele* aus. Mehr und mehr wird es dabei auch eine Rolle spielen, welche *Umweltfunktionen* der Unternehmung (z. B. als Arbeitgeber) beeinträchtigt werden bzw. welche Umweltschäden sich aus der Störung ergeben.

Im Hinblick auf die organisatorischen Konsequenzen des Risiko-Managements (vgl. Abs. 3) ist es zweckmäßig, die Störungsprozesse in zwei überlappende Hauptbereiche aufzugliedern: Mögliche Störungsquellen, Störungsarten und Störungsobjekte bringen zusammen die *Störbarkeit des Systems* zum Ausdruck, während die Störungsobjekte, die gestörten Vollzugsprozesse, die beeinträchtigten Ziele und die Funktionen zusammen die *Verletzbarkeit des Systems* verkörpern (Abb. 10). Aus ihrer Verbindung geht die Beurteilung der Risikolage hervor. Im herkömmlichen Risk-Management (wie auch in der Versicherung) hat man sich vorwiegend mit den Faktoren der Störbarkeit befaßt und bisweilen einzelne Faktoren (insb. die Störungsart und das Störungsobjekt) bereits als „Risiko" bezeichnet. Dabei wurde weitgehend vernachlässigt, daß die Anordnung von Anlagen und die Gestaltung von Prozessen, aber auch die Festlegung der Ziele die Risikolage weit nachhaltiger und langfristiger zu beeinflussen vermögen, weil sich Verletzbarkeiten normalerweise auf größere Räume und Bereiche erstrecken. Naturgemäß fließen solche Entscheide in die übrigen Grundsatzentscheidungen im Management über, so daß das *Verletzbarkeits-Management zur normalen Top-Management-Aufgabe* wird.

Wo sich aufgrund der Evaluation von Störungsketten ein außerordentlich hohes Störpotential ergibt, wird mit Vorteil eine wahrscheinlichkeitsfundierte *Fehlerbaumanalyse* oder *Störfallablaufanalyse* vorgenommen. Während bei der Störfallablaufanalyse die unerwünschten Ereignisse, die aus einer bestimmten Ursache resultieren, gesucht werden, gibt man bei der Fehlerbaumanalyse das unerwünschte Ereignis vor und sucht nach allen Ursachen, die zu diesem Ereignis führen. Die Eintrittswahrscheinlichkeiten der Ursachen und der unerwünschten Ereignisse werden untereinander verknüpft, so daß ein unerwünschtes Gesamtereignis (z. B. Durchschmelzen eines Reaktors) präzis beurteilt werden kann. Auf Grund der Analyse kann nun gezielt die Zuverlässigkeit des Gesamtsystems erhöht werden, indem die relative Fehlerhäufigkeit von Einzelteilen des Systems durch eine redundante (überflüssige) Anordnung von Komponenten drastisch herabgesetzt wird. Im Grunde wird damit das Versicherungsprinzip auf andere Bereiche übertragen, wobei Abweichungen im Kollektiv nicht nebeneinander, sondern hintereinander überbrückt werden. Der Schwerpunkt des Einsatzes solcher Analysen liegt naturgemäß bei technischen Systemen. Die außerordentlich hohen Kosten der Informationsgewinnung lassen eine Übertragung auf das umfassende Risiko-Management der Unternehmung nur begrenzt zu.

2.3 Sicherungsmaßnahmen (Phase C)

Nach Phase A (Erwartungen) und Phase B (Risikolage) sind Entscheidungen darüber fällig, welche Sicherungsmaßnahmen konkret ergriffen werden sollen. Das herkömmliche Risk-Management hat sich im wesentlichen darauf beschränkt, Regeln im Zusammenhang mit vier möglichen Vorgehensweisen im Zusammenhang mit dem Risiko zu entwickeln: Vermeiden, Vermindern, Überwälzen und Selbsttragen des Risikos (vgl. auch Abb. 1).

Ohne damit irgendeine Rangordnung festzulegen – auch hier gilt das Prinzip des kreisförmigen Vorgehens –, lassen sich die vier Sicherungsstufen wie folgt charakterisieren:

a) Risiko vermeiden:

Dadurch, daß *auf gewisse Erwartungen verzichtet* wird, läßt sich das Risiko eliminieren. Die Risikovermeidung führt zu einer eindeutigen Lösung des Risikoproblems, doch kommt sie einer Preisgabe von Unternehmungszielen zugunsten der Sicherheit gleich. (Beispiel: Verzicht auf ein Produkt zufolge des Produkthaftpflichtrisikos.)

b) Risiko vermindern:

Die Risikoverminderung nimmt, weil flexibler, einen bedeutend wichtigeren Stellenwert unter den Instrumenten des Risiko-Managements ein. Sie setzt voraus, daß im Rahmen einer notwendigen Unternehmungsaktivität Ziele grundsätzlich gebilligt werden, gleichzeitig jedoch Maßnahmen ergriffen werden, um den Störungseintritt zu verhüten bzw. dessen Folgen herabzusetzen. Entsprechend werden zwei Maßnahmengruppen unterschieden:

– Die *Schadenverhütung* zur Bekämpfung des Störungseintritts (Überwachung, Zutrittskontrolle, schwer brennbares Material). Die Schadenverhütung ist besonders wirksam, weil dem Störungsprozeß im Ursprung begegnet wird.
– Die *Schadenherabsetzung* sucht die Auswirkungen einer bereits eingeleiteten Störung

möglichst gering zu halten. In ihr kommen neben weiteren technischen Schutzmaßnahmen (Alarmanlagen, Sprinkler) vor allem die führungsmäßigen Komponenten des Risiko-Managements (z. B. Frühwarnsysteme im Rechnungswesen und Controlling) zum Einsatz, was sie entsprechend flexibler macht.

c) Risiko überwälzen:

Vor Störungsbeginn wird sichergestellt, daß gewisse Folgen der Störung auf ein anderes System übertragen werden können. Aus sachlichen Gründen ist meist bloß die Überwälzung finanzieller Risiken möglich, während die leistungswirtschaftlichen und die sozialen Komponenten beim risikobedrohten System verbleiben. (Diese Tatsache ist insbesondere bei Kostenvergleichen zu berücksichtigen.) Man unterscheidet:

- Überwälzung durch *Versicherungsvertrag* (Insurance – Risk-Transfer) sowie
- Überwälzung durch allgemeine und spezielle *Vertragsbedingungen* (Non-Insurance-Risk-Transfer), z. B. durch Haftungsüberwälzung.

Die Risikoüberwälzung ist wohl die sicherste, aber zugleich eine eingeschränkte und betriebswirtschaftlich wie volkswirtschaftlich teure Risikobewältigung. Für das gesicherte System hat sie den Vorteil, daß Kosten und Nutzen der Sicherung überschaubar sind und regelmäßig anfallen: Bei der Versicherungsnahme werden aus nicht vorhersehbaren Schadenkosten stabilisierte und kalkulierbare Risikokosten.

d) Risiko selbst tragen:

Das Selbsttragen geschieht oft unfreiwillig, als Überbleibsel an Risiken, das durch die übrigen Maßnahmen nicht erfaßt wurde. Als echte Sicherungsmaßnahme hat Selbsttragen einen passiven und einen aktiven Aspekt: *Passiv* bestimmt vor allem die Risikobereitschaft der Unternehmungsleitung, wie weit man Schäden bewußt in Kauf nehmen will und auch bereit ist, Konsequenzen (z. B. Dividendenkürzungen) zu tragen. *Aktiv* werden Mittel bereitgestellt, mit denen eine Störung aus eigener Kraft überwunden werden kann, ohne daß die Erwartungen der Unternehmung wesentlich beeinträchtigt werden. Diesem Zweck dienen die *Reserven* materieller und immaterieller Art.

„Im Westen nichts Neues!" Dies ist ein häufig geäußerter Vorwurf gegenüber „Risk-Management", soweit es sich auf die geschilderten Stufen der Sicherung beschränkt. Tatsächlich lassen sich im deutschsprachigen Schrifttum, insbesondere bei Mahr[17], die wesentlichen Prinzipien bereits um 1930 nachlesen. Ebenso eindeutig läßt sich jedoch nachweisen, daß diese in der Versicherungstheorie entwickelte Gesamtschau in Praxis und Theorie kaum Beachtung fand, bis sie in den siebziger Jahren aus dem angelsächsischen Raum re-importiert und durch die Versicherungsbeauftragten der Industrie erstmals praktisch angewandt wurde. Risk-Management ist somit sachlich nichts Neues, verkörpert aber in psychologischer Sicht eine Innovation: Vielen Risikoträgern in der Industrie ging aufgrund der „Risiko-Management-Bewegung" etwas unter die Haut, was vorher an ihnen abgeprallt war[18]: Das eigentlich Neue lag und liegt somit im *Bewußtmachungsprozeß*.

17 Vgl. Mahr, W.: Einführung in die Versicherungswirtschaft, 3. Auflage, Berlin 1970, insbesondere 1. Kapitel.
18 Vgl. Regner, C.: Risk Management aus der Sicht eines Versicherungsunternehmens, in: Risk Management – Strategien zur Risikobeherrschung, a. a. O., S. 53 ff.

Der *Planung* der Sicherungsmaßnahmen folgen die Durchführung und *Kontrolle*. Angesichts stets beschränkter Mittel erfolgt die Verwirklichung der Sicherung nach dem „Katastrophenprinzip": Maßnahmen werden mit Priorität verwirklicht, wenn sie der Bewältigung existenzbedrohender Störungspotentiale dienen. Der Feinausbau der Sicherung erfolgt nach und nach. Dies bedingt die Institutionalisierung des Risiko-Managements (Abs. 3).

3. Organisation als Gestaltungsaufgabe im Risiko-Management

3.1 Basis des Risiko-Managements: Die vorgegebenen Organisationsstrukturen

Die optimale Eingliederung in die Organisation der Unternehmung ergänzt den systematischen Sicherungsprozeß. Risiko-Management als begleitende Führungsfunktion kann nicht den Anspruch erheben, allein aufgrund der Sicherungsbedürfnisse die Unternehmung umzugestalten. Vielmehr ist in jedem einzelnen Fall vom bereits vorhandenen, relativ dauerhaften Ordnungsgefüge auszugehen, das angesichts seiner Kontinuität bereits als solches einen Faktor der Sicherheit darstellt. Dieser vorhandenen Organisationsstruktur (in Form von Organigrammen, Funktionendiagrammen, Stellenbeschreibungen etc. fixiert) gilt es, die Sicherungsprozesse einzugliedern und gewisse ergänzende Elemente beizufügen. Es existiert somit *nicht eine richtige Organisationsform des Risiko-Managements:* Erst die spezifischen Sicherungsbedürfnisse, kombiniert mit den vorgegebenen und anzupassenden Strukturen und Abläufen, führen zur optimalen Sicherung.

Verschiedene Organisationsformen können im konkreten Fall vorgegeben sein. Als klassische Organisationsformen gelten vor allem die streng hierarchische *Linien-Organisation* und die *Stab-Linien-Organisation*. Das Unterstellungsverhältnis ist hier eindimensional. Deshalb finden wir klare Leitlinien, Aufgaben, Kompetenzen und Verantwortungen von der Unternehmungsleitung bis zu jedem Mitarbeiter; Stabsmitarbeiter unterstützen die Linienangehörigen im Sinne der Dienstleistungen und Beratung. Unter stabilen Umweltbedingungen und bei gleichbleibenden Zielsetzungen sind die herkömmlichen, eindimensionalen Organisationsformen durchaus zweckmäßig. Dagegen sind sie weniger geeignet, die Unternehmung auf rasch wechselnde Umweltbedingungen entsprechend reagieren zu lassen – angesichts der Entwicklung der letzten Jahre ein Nachteil, der nach anderen Organisationsformen ruft: Die Unternehmung bedarf einer Struktur, welche die Tätigkeiten auf die ständig angestrebten Ergebnisse ausrichtet, zugleich aber soviel Verhaltensfreiheit schafft, daß die Anpassung an veränderte Bedingungen möglich bleibt. Dabei werden die Zielkonflikte bewußt in Rechnung gestellt.

Die von der Organisationslehre entwickelten *flexiblen Organisationsformen* versuchen das Problem dadurch zu lösen, daß sie für verschiedenartige Aufgaben, die von der Unternehmung zu lösen sind, unterschiedliche Strukturen vorsehen. Ausgangspunkt bildet die Feststellung, daß einerseits in einer Unternehmung sowohl gleichzeitig wie auch nacheinander viele verschiedene Aufgaben zu lösen sind, und daß es andererseits keine einzelne Struktur geben kann, die zur Erfüllung all dieser Aufgaben, die unterschiedliche Arbeitsvollzüge erfordern, gleichermaßen geeignet ist. Demgemäß werden für verschiedene Aufgabentypen verschiedene, jeweils geeignete Strukturen konzipiert und bereitgestellt; sie treten dann in Kraft, wenn eine Aufgabe des betreffenden Typs zu lösen ist. Die angestrebte Flexibilität wird also nicht dadurch erreicht, daß man auf Organisation verzichtet, sondern dadurch, daß man *alternative Strukturen* verwendet. Da die zu lösenden Aufgaben in einem ständigen Wandel begriffen sind, müssen auch stets neue Alternativ-Strukturen entwickelt werden, so daß insgesamt ein relativ *kontinuierlicher organisatorischer Wandel* stattfindet, wobei die einzelnen Strukturen eine unterschiedliche Lebensdauer aufweisen. Alvin Toffler hat diesen Übergang von dauerhaften bürokratischen Ordnungen zu ad-hoc-Strukturen oder temporären Organisationen plastisch dargestellt. In der Praxis realisierte Lösungen, welche im Prinzip diesen Überlegungen entsprechen, sind die *Projekt-Organisationen,* welche für vorübergehende Aufgaben die bestehende Grundstruktur überlagern, und die *Matrix-Organisation,* welche dauerhaft das Unternehmen nach zwei oder mehr Kriterien gleichzeitig gliedert[19].

Dem Nebeneinander verschiedener Organisationsformen sind aus Gründen der Übersichtlichkeit und der Mitarbeiterführung Grenzen gesetzt. Zur Wahrung der Einfachheit und der Stabilität sehen die meisten flexiblen Organisationskonzepte eine *primär geltende Grundstruktur* vor, welche durch die übrigen ergänzt wird. In diesem Sinne gilt eine Stufenordnung, welche vier Dimensionen aufweist.

Dimension 1:

Eine *Primärorganisation oder Grundstruktur* gliedert das Unternehmen in möglichst selbständige Einheiten, zentrale Dienststellen und eine zentrale Unternehmensleitung. Sie entspricht dem, was üblicherweise in den Gesamtorganisationsplänen von Unternehmungen aufgezeigt wird. Nach dem Prinzip der Dezentralisierung werden *operationelle Einheiten* ausgeschieden. Sie sind meist nach Marktleistungsgruppen (Produkt/Markt) oder nach Funktionen (Absatz/Produktion etc.) aufgeteilt und weisen eine relativ selbständige Leitung auf. *Zentrale Dienste* unterstützen diese Einheiten in Aufgabenbereichen, welche zentral besser wahrgenommen werden können. Zentrale Dienste (z. B. Sicherheitskoordination) nehmen den operationellen Einheiten etwas weg, gleichgültig, ob sie als „Stabsstellen" oder als Stellen mit beschränkten Weisungsbefugnissen ausgerüstet sind. Als drittes Element der Primärorganisation sorgt die *zentrale Unternehmungsleitung* für die Zusammenfassung der dezentralen Einheiten, indem sie die Aktivitäten auf die Gesamtziele der Unternehmung ausrichtet. Sie setzt den Einheiten und zentralen Diensten Ziele und Rahmenbedingungen und teilt Ressourcen zu; über Koordination und Kontrolle werden Korrekturmaßnahmen in Gang gesetzt.

Dimension 2:

Eine *Sekundärstruktur der Organisation* wird darum notwendig, weil jede Aufgabendifferenzierung auch Nachteile aufweist. Diese Nachteile werden korrigiert, indem in häufig wiederkehrenden Fällen spezielle Stellen die Zusammenarbeit über die Grenzen der primären Organisationsbereiche sicherstellen. So wird beispielsweise durch die Sekundärstruktur der ganze Leistungsprozeß von der Produktentwicklung bis zum

---

19 Vgl. Ulrich, H.: Unternehmungspolitik, a. a. O., S. 197 ff.; die nachfolgenden Ausführungen basieren auf seinem Konzept.

Kunden unterstützt, wenn die 1. Dimension nach Funktionen – von Forschung bis Verkauf – gegliedert ist. Hier finden sich auch die meisten zentralen Dienststellen.

Primäre und sekundäre Struktur stellen zusammen die *Matrixorganisation* dar: Die Primärorganisation geht in der Regel, die Sekundärstruktur in bestimmten häufigen Fällen vor (Abb. 11).

Abb. 11: Matrixorganisation als Kombination von Primär- und Sekundärstruktur

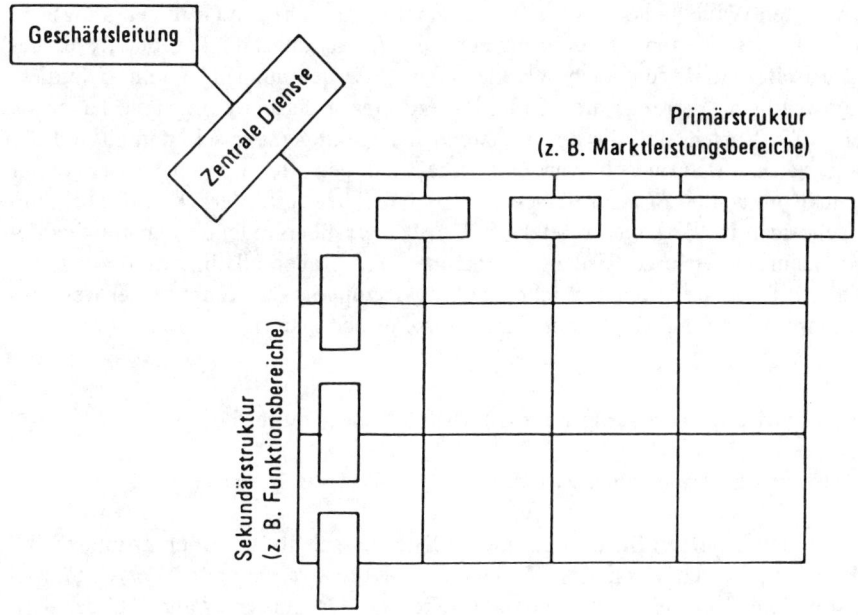

Dimension 3:

Diese Struktur ist die Ebene der *Projektorganisation*. Sie dient der Bewältigung vorübergehender, neuartiger Aufgaben und ist nicht auf stets wiederkehrende Problemzusammenhänge ausgerichtet. Spezielle Probleme von bestimmter Zeitdauer werden in Projekten ausgeschieden, wobei – abhängig vom Sachgehalt – verschiedene Teams nach den Regeln des „Projekt-Managements" zusammenarbeiten. Hauptanwendungen des Projekt-Managements sind die Durchsetzung von Neuerungen sowie die Abwendung und Überwindung von *Störungen*. Unter Risiko-Management-Gesichtspunkten interessiert naturgemäß die letztere: Während Projektteams zur Abwendung von Störungsfällen (z. B.: Produktehaftpflichtkomitee) unter normalen Bedingungen der Teamarbeit eingesetzt werden können, wird die Überwindung von Störungen angesichts einer kritischen Situation (z. B. Überwindung einer umfassenden Betriebsunterbrechung) nach den Regeln des *Krisen-Managements* erfolgen.

Dimension 4:

Sie führt die einzelnen Organisationselemente zusammen, indem sie vor allem auf unternehmungspolitischer und planerischer Stufe *koordiniert*. Einerseits sorgt sie dafür, daß mit Hilfe einer zentralen *Planungsstelle* in allen Einzelheiten geplant werden kann; andererseits sorgt ein *Informations- und Kontrollsystem* für die Versorgung mit Führungsinformationen.

Aus der Sicht kleiner oder mittelgroßer Unternehmungen mag die Unterscheidung von vier Organisationsstufen reichlich „theoretisch" erscheinen. Gegen eine solche Beurteilung sprechen jedoch die Erfahrungen der jüngsten Zeit, welche auf raschen und oft unerwarteten Wandel in den Absatzmärkten und in der übrigen Unternehmungswelt hinweisen. Die gesteigerten Anforderungen an die Anpassungsfähigkeit der Unternehmungen betreffen natürlich auch die kleineren Unternehmungen. Wenn sich diese keinen aufwendigen Planungs- und Organisationsapparat leisten können, so haben sie gleichzeitig den Vorteil, daß die koordinierenden Regelungen der sekundären und der tertiären Struktur rasch und ohne große Formalitäten getroffen werden können. Unter dem Gesichtspunkt des *Risiko-Managements* ist vor allem erforderlich, daß alle Führungsangehörigen in die Lage versetzt werden, bereichsübergreifende und für die Gesamtunternehmung wichtige Risiken zu erkennen und – allenfalls in Zusammenarbeit mit Fachstellen – zu bewältigen. Wichtige Voraussetzung ist die Kenntnis der wesentlichen Risikoprobleme und der Sicherungsprozesse in der eigenen Unternehmung.

3.2 Organisatorische Konsequenzen für das Risiko-Management

3.2.1 Sicherung als Organisationsaufgabe

Beim Organisieren werden Strukturen und Abläufe festgelegt, Aufgaben gruppiert und zugeteilt, Verbindungen geschaffen. Bereits diese Kurz-Umschreibung des Organisierens weist auf ein *Spannungsfeld* hin, dem die Ziele des Organisierens auch bei der Risikobewältigung unterliegen:

Abb. 12: Das Spannungsfeld der RM-Organisation

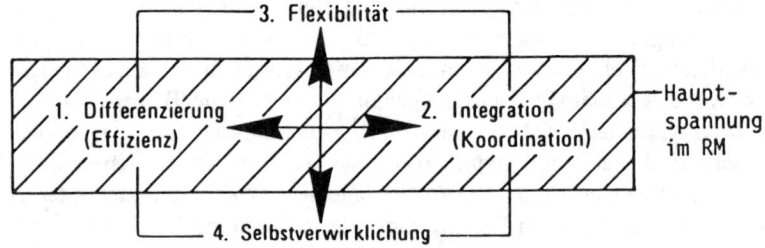

Alle vier organisatorischen Anliegen müssen im Gesamtzusammenhang betrachtet werden. Die Hauptspannung besteht zwischen der *Differenzierung (1)* und der *Integra-*

tion (2): Differenzierung im Sinne einer zweckmäßigen Gliederung des Gesamtsystems in Teilbereiche, welche dank der Spezialisierung zu einer wirksamen Aufgabenerfüllung fähig sind; Integration im Sinne der Zusammenfassung der einzelnen Teile zu einem einheitlich funktionierenden Ganzen. Während man früher versuchte, auch Einzelheiten durch Vorschriften zu regeln, um beiden Anforderungen gerecht zu werden, wird heute eher auf die Förderung von Initiative und Selbständigkeit abgestellt. Sie soll die Mitarbeiter auf allen Stufen befähigen, stets von neuem ein Optimum zu erzielen.

Auf die *Risikobewältigung* übertragen, werden durch Spezialisierung und Delegation Kenntnisse und Fähigkeiten gefördert. Die damit verbundene Verbesserung des Informationsstandes jedes einzelnen wirkt sich risikomindernd aus, weil durch die Arbeitsteilung komplexe Probleme zerlegt und überschaubar gemacht werden. Andererseits besteht die Gefahr, daß durch die Zerschneidung der Bereiche der Überblick über die Gesamtzusammenhänge verloren geht. Kommunikationsprobleme und Konflikte zwischen spezialisierten Bereichen lassen Grauzonen der Sicherheitsorganisation entstehen, in denen sich leicht ein unerkanntes Risikopotential aufbaut. Wo grundsätzlich besonders wichtige Bedrohungspotentiale entstehen können, ist es Hauptaufgabe des *Risiko-Managements,* durch ergänzende Stellen und Instrumente über die Abstimmung von Teilaufgaben die nötige *Koordination* sicherzustellen. Diese Aufgabe läßt sich –in Anlehnung an Müller/Seiffert[20] wie folgt umreißen:

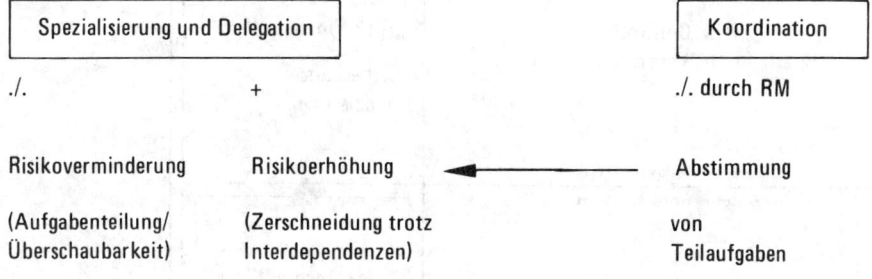

3.2.2 Aufgliederung der Führungsfunktion „Risiko-Management" im Hinblick auf die Organisation

Wenn sich das Spannungsfeld zwischen Differenzierung und Integration, zwischen dezentraler und zentraler Aufgabenerfüllung auch im Führungsbereich Risiko-Management niederschlagen soll, so muß nach Kriterien gesucht werden, um *Schwerpunkte für die Aufgabenzuweisung* zu bilden. Hierzu greifen wir die sachlichen Anforderungen aus dem Faktor „Management" im Risiko-Management (vgl. 1.1) und aus dem Sicherungsprozeß (vgl. 2.) auf und gliedern das Risiko-Management in *drei Teilbereiche* (Abb. 13).

---

20 In Anlehnung an Müller, W.; Seifert, W. G.: Organisation des Risk Management, in: JfB 1/1978, S. 19.

Abb. 13: Aufgliederung des Risiko-Managements unter organisatorischen Aspekten

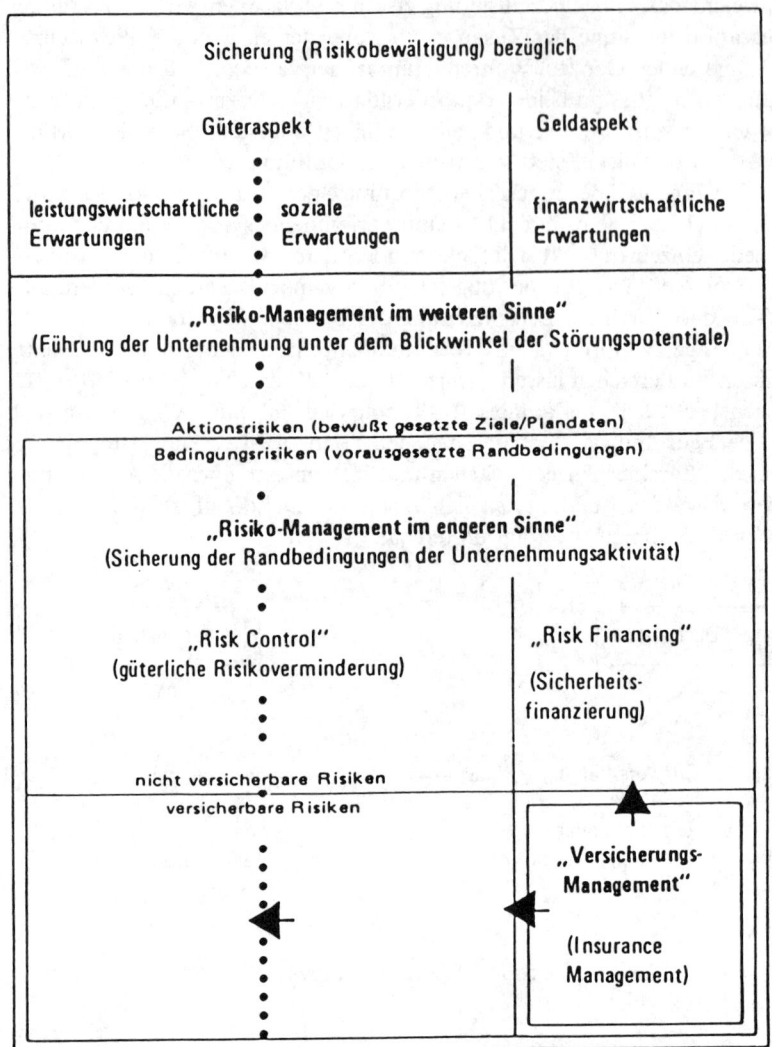

- Bei der Aufgliederung wird erneut nach Güteraspekt und nach Geldaspekt differenziert, wobei der Güteraspekt den leistungswirtschaftlichen und den sozialen, der Geldaspekt den finanziellen Bereich umfaßt. Die Auseinandersetzung mit dem *gesamten Risikoproblem* – also mit Aktionsrisiken wie mit Bedingungsrisiken – sei als *Risiko-Management im weiteren Sinne* bezeichnet. Es verkörpert die Gesamtführung der Unternehmung unter dem Blickwinkel der Sicherheit und der Störungspotentiale. Wo auf dieses Risiko-Management im weiteren Sinne verzichtet wird, hat auch das übrige Risiko-Management wenig Aussicht auf Erfolg. Immer wieder geht es darum, den engen Zusammenhang zwischen Aktions- und Bedingungsrisiken zu sehen und die Wirkung auf die Erfüllung der Unternehmungsziele zu überprüfen. (Beispiel: Die

aktuelle Durchdringung der Qualitätssicherung als Marktziel und der Produktesicherung im Hinblick auf die Produktehaftpflicht.)
- Wird hingegen die Betrachtung auf die *Bedingungsrisiken* eingeschränkt, so läßt sich dies als *Risiko-Management im engeren Sinne* charakterisieren. Der Güteraspekt im Risiko-Management im engeren Sinne entspricht etwa dem angelsächsischen *Risk Control* (im Sinne der Lenkung), der Geldaspekt dem *Risk Financing* (präziser: Sicherheitsfinanzierung).
- Das Risiko-Management im engeren Sinne läßt sich weiter nach *nicht versicherbaren und versicherbaren Risiken* aufteilen, wobei „Versicherbarkeit" weniger von theoretischen Erwägungen (wie Zufälligkeit und Schätzbarkeit) als vom Marktangebot der Versicherungswirtschaft abhängt. Das *Versicherungs-Management* befaßt sich mit den versicherbaren Risiken; unter dem Führungsaspekt fällt ihm im besonderen die Aufgabe zu, die Versicherungsdeckung im Verhältnis zur übrigen Sicherheitsfinanzierung und zum Risk Control zu optimieren.

Selbstverständlich handelt es sich bei der ganzen Unterteilung um eine *Mehr-oder-weniger-Betrachtung*. Die Bezeichnungen treffen für den Schwerpunkt des jeweiligen Feldes zu, die Grenzen dagegen sind fließend. Gerade das Risiko-Management in seinem weiteren und engeren Sinne trägt zu einer ständigen Verschiebung bei, indem es – über die Optimierungsbestrebungen – die einzelnen Felder miteinander verknüpft.

3.3 Die organisatorische Zuordnung der Sicherungsfunktionen

Abschließend ordnen wir die Teilbereiche der Risikobewältigung (Abb. 13) den einzelnen Organisationsstrukturen (Abs. 3.1) der Unternehmung zu. Zwei Fragen bestimmen die konkrete Ausgestaltung:

- Welche *vorhandenen Organisationsstrukturen* sind geeignet oder bereits in Aktion, um bestimmte Sicherungsaufgaben zu erfüllen?
- Welche *organisatorische Lücken* gilt es im Hinblick auf die Gesamtsicherung der Unternehmung zu schließen?

3.3.1 Sicherung in der 1. Dimension (Primärstruktur)

(1) Nach dem Prinzip der Dezentralisierung werden hier *operationelle Einheiten* (z. B. nach dem Produkt-Markt-Prinzip) ausgeschieden, denen die Sicherungsfunktion automatisch folgt. Allgemein bedeutet dies, daß die Verantwortung für Risikoerkennung, Risikoanalyse und Sicherungsmaßnahmen in die *allgemeine Führungsverantwortung* einbezogen bleibt und im Prinzip nicht (rück-)delegierbar ist. Dieser Grundsatz gilt für alle Teilbereiche des Risikos, insbesondere auch für die nicht versicherbaren und versicherbaren Bedingungsrisiken (Beispiele: Maßnahmen zur Bewältigung von politischen Risiken, Know-how-Abfluß, Veruntreuung, Brand oder Unfall). Gerade bei diesen letzteren Risikoarten hängt der Erfolg entscheidend davon ab, ob die Risikoverminderung im Rahmen der *normalen Führung* erfolgt.
(2) Die *Zentralen Dienste* sind der Grundstruktur für Aufgabenbereiche zugeordnet, welche zentral besser wahrgenommen werden können. Auf die Sicherung bezogen,

ist hier die Unterscheidung des Risiko-Managements im weiteren und im engeren Sinne zweckdienlich. Während Aktionsrisiken – z. B. die Beurteilung der Marktrisiken – normalerweise in den Führungsentscheidungen berücksichtigt werden, besteht das Bedürfnis, *für den Bereich der Bedingungsrisiken eine zentrale Dienststelle „Risiko-Management" oder „Sicherheits-Koordination"* zu schaffen. Diese Dienststelle unterstützt vor allem das Risiko-Management i. e. S. und führt in ihrem Fachbereich mit folgenden Mitteln:

- direkt (motivierend) über *Informationen,* welche – für die spezifischen Unternehmungsbedürfnisse verarbeitet – den Linienverantwortlichen zur Verfügung gestellt werden;
- direkt durch die *Koordination* von bereichsübergreifenden Sicherungsaufgaben;
- direkt über *Weisungen* in besonders wichtigen und/oder dringlichen Einzelfragen der Sicherheit;
- indirekt über den Erlaß von *Sicherheitsrichtlinien* und den Entwurf von risikopolitischen und planerischen Konzepten im Auftrag der zentralen Unternehmungsleitung.

Sie nimmt somit zum Teil Aufgaben wahr, wie sie heute oft dem sogenannten „Risk Manager" übertragen werden. Aus psychologischen Gründen wäre es jedoch zweckmäßiger, den „Risk Manager" als Leiter der „Sicherheitskoordination" (bzw. Koordination „Risk-Management") zu bezeichnen, um von allem Anfang an den Eindruck zu vermeiden, diese Persönlichkeit zeichne allein für die Risikobewältigung verantwortlich. Seine wichtigste Funktion wird dadurch präzisiert. Es obliegt ihm die Koordination zwischen der allgemeinen Führung und den Sektoren des Risiko-Managements i. e. S. Daß es einer Koordination bedarf, wird ohne weiteres einsichtig, wenn man sich die zunehmende Spezialisierung (und Absonderung) der einzelnen Sicherungsbereiche im Bedingungsbereich vergegenwärtigt (Abb. 14).

Die Vielzahl der Störungsarten und Schutzbereiche weist auf die ausgeprägte Gefahr hin, daß sich die einzelnen Sicherheitsspezialisten isolieren und dabei den Überblick über die Gefährdung der Unternehmung als ganzes verlieren (Beispiel: der Brandschutzspezialist, der sich nicht für die Marktrelevanz der einzelnen Gebäudekomplexe und Produktionsprozesse interessiert). Je größer eine Unternehmung ist, desto mehr wird sich die Tätigkeit der Zentralstelle „Risiko-Management" auf die *Konzentration und Beschränkung der Sicherheitsmaßnahmen* auszurichten haben. Ihr obliegt es im besonderen, die Schwere der Risiken mit Blick auf die Gesamtunternehmung abzuschätzen. Ihre Tätigkeit wird auf höchster Ebene durch die Finanzabteilung und letztlich durch die zentrale Unternehmungsleitung koordiniert.

(3) Die *zentrale Unternehmungsleitung* richtet die Aktivitäten der dezentralen Einheiten auf die Gesamtziele der Unternehmung aus. Auf das Risiko-Management angewandt, stehen folgende Maßnahmen im Vordergrund:
- Anerkennung und Unterstützung der *Sicherheit als Leitidee:* Berücksichtigung der Sicherungsaspekte in den Unternehmungszielen;
- Formulierung der *Risikopolitik* als Teil der Unternehmungspolitik;
- *Führung* der zentralen *Dienststelle „Risiko-Management".*

Abb. 14: Koordination der Sicherung im Bereich der Bedingungsrisiken

	Personenbezogene Störungen							Störungen aus Natur und an technischen Systemen						Haftpflicht aus Störung Dritter	
Störungsart	Unfall	Krankheit	Ausfall/Verlust von Schlüsselpersonen	Know how-Abfluß	Datenverlust	interne Kriminalität	externe Kriminalität	polit. Ereignisse	Brand/Explosion	Wasser Überschwemmung	Erdbeben übr. Elementar	EDV-Anlagenstörung	allg. Maschinenschäden	Transportstörungen	Umweltschäden	Störung Dritter durch Anlage/Betrieb	Störung Dritter durch mangelhafte Produkte
Fachstellen der Sicherung	Unfallschutz	Gesundheitsdienst	Personalwesen/ Planung	Sicherheitsdienst	Datenschutz/-sicherung	Werkschutz	Beauftragter pol. R.	Brandschutz i.w.S.				EDVA Unterhalt	Unterhaltsdienst	Transport/Spedition	Umweltschutz	Fabrikation/ Recht	Qualitätssicherung/ Marketing/Recht
Koordinations- stellen (Risiko- Management i.e.S.)	1. Zentrale Dienststelle „Risiko-Management" (Sicherheits-Dienst): Beurteilung der Risikolage unter Berücksichtigung der indirekten Gesamt-Wirkungen (insb. alle Aspekte der Betriebsunterbrechung und der möglichen Zielabweichungen); Koordination der Sicherungsmaßnahmen, in dringlichen Fällen mit Weisungsrecht 2. Finanzabteilung: Beurteilung der Risikolage unter dem Aspekt der finanziellen Führung; Bereitstellung der finanziellen Sicherungsmittel (EK, Reserven, Kreditbasis, Versicherungen) 3. Zentrale Unternehmungsleitung: Beurteilung der Risikolage unter Berücksichtigung der längerfristigen Gesamtziele der Unternehmung. Formulierung, Verwirklichung und laufende Überprüfung der Risikopolitik; Führung der Dienststelle „Risiko-Management"; Krisen-Management																

Von relativ wenigen Unternehmungen abgesehen, werden Bedingungsrisiken auf der Stufe der zentralen Unternehmungsleitung heute wohl noch am stärksten mißachtet. Im Zeichen der Hochkonjunktur war dies verständlich; unter den heutigen Verhältnissen jedoch – erhöhte Risikopotentiale bei geschwächter Ertragskraft – sollte das Risiko-Management i. e. S. auch unter dem Aspekt der persönlichen Verantwortung der Unternehmungsleitung ernst genommen werden.

3.3.2 Sicherung in der 2. Dimension (Sekundärstruktur)

Die *Sekundärstruktur der Organisation* dient der Zusammenarbeit über die Grenzen der primären Organisationsbereiche hinaus. Ist die Primärstruktur nach dem Produkt-Markt-Prinzip ausgebildet, so folgt die Sekundärstruktur meist den wichtigsten Unternehmungsfunktionen: Forschung und Entwicklung, Produktion, Absatz, Finanzen etc. Im Hinblick auf das *Risiko-Management* gilt folgendes:

(1) Grundsätzlich folgt auch im Sekundärbereich die Sicherungsverantwortung der *allgemeinen Führungsverantwortung*. Insofern bestehen keine Unterschiede zur Primärorganisation, vielleicht mit der Ausnahme, daß die Sekundärorganisation besonders gut geeignet ist, Verletzbarkeiten der Gesamtunternehmung (z. B. Produktionsunterbrüche und Überwindungsmöglichkeiten) abzuschätzen und zu vermindern.

(2) Die *Zusammenarbeit mit der zentralen Dienststelle „Risiko-Management"* ist besonders eng, weil es die einzelnen Funktionen unter sich und die Beziehungen zu den Primäreinheiten unter dem Blickwinkel der Risikobewältigung zu koordinieren gilt.

(3) Im Bereich der *Finanzen*, welche üblicherweise der Sekundärstruktur angehören, sind die *Sicherheitsfinanzierung* im allgemeinen und das *Versicherungs-Management* im besonderen zu gestalten (vgl. Abb. 13). Weil diese beiden Bereiche eindeutig der finanziellen Führung zugehören, lassen sie sich aus dem Gesamtzusammenhang des Risiko-Managements herauslösen und mit Erfolg zentralisieren.

3.3.3 Sicherung in der 3. Dimension (Projektorganisation)

Die *dritte Struktur* – als Ebene der *Projektorganisation* – dient vor allem der Durchsetzung von Neuerungen und der Abwendung und Überwindung von Störungen. Was das Risiko-Management betrifft, so wird in der Führungsliteratur meist auf das *Krisen-Management* hingewiesen. In jüngster Zeit wächst allerdings der Wunsch, die unangenehmen Elemente der kritischen Situation durch Maßnahmen in den Griff zu bekommen, welche neben der passiven Bewältigung solcher Situationen auch deren *Früherkennung* und Verhinderung einschließen. Im Prinzip handelt es sich darum, den störungsbedingten und unerwünschten „Neuerungen" durch die Mobilisierung von an sich vorhandenen Kräften entgegenzutreten und in *Projekt-Teams* die Konsequenzen für die eigene Unternehmung ziehen. Beispiele im Rahmen des Risiko-Managements sind *Arbeitsgruppen* zur Verhinderung des unfreiwilligen Know-how-Abflusses, Teams zur Einschätzung und Bewältigung des Produktehaftpflichtrisikos[21], Komitees zur Alternativenplanung im Hinblick auf politische Risiken. Bei Bedingungsrisiken, welche sich im eigenen Haus noch nicht verwirklicht haben, fungiert der Leiter der zentralen Dienststelle „Risiko-Management" vielfach als Leiter des Projektteams; zur Überwindung eigentlicher Krisensituationen wird ein Mitglied der zentralen Unternehmensleitung die Führung übernehmen.

3.3.4 Sicherung als Planungs- und Kontrollaufgabe

Die *vierte Dimension* führt die Organisationselemente der drei vorstehenden Stufen zusammen, indem sie die Planung in den einzelnen Einheiten koordiniert und ein *Informations- und Kontrollinstrument* schafft. Risiko-Management drückt sich hier darin aus, daß Planungs-, Informations- und Kontrollvorgaben konsequent auch das Element des Risikos enthalten. Damit wird die Voraussetzung geschaffen, daß Sicherheit als Leitidee

---

21 Vgl. Kessler, M.: Risiko-Management der Produktehaftpflicht als industrielle Führungsaufgabe, I.VW-Schriftenreihe, Band 6, Bern/Frankfurt 1980, insbesondere Kapitel 5.

überhaupt gleichgewichtig in die Führungsvorgänge einbezogen wird. Die *Information* gewinnt im Risiko-Management insofern besonderes Gewicht, als vorwiegend mit Informationen gearbeitet wird, welche nicht im eigenen Unternehmen gewonnen werden können (z. B. Erkenntnisse aus Störungen unter ähnlich gelagerten Umständen). Nur durch Informationen können solche Risiken rechtzeitig erkannt und berücksichtigt werden; nur durch *Kommunikation* wiederum ist es möglich, die Konsequenzen zu ziehen und die Risiken in vertretbarem Rahmen zu halten. In einem weiteren Sinne gehört zur Information und Kommunikation auch die *Ausbildung* und deren Koordination. Im Risiko-Management stellt sie sicher, daß die Führungsangehörigen die Methoden der Risikobewältigung in ihren Grundzügen beherrschen und auf den eigenen Führungsbereich anwenden.

Kontrollinstrumente sind im Risiko-Management besonders schwer zu handhaben, weil eindeutige Abweichungen zwischen Soll- und Istzuständen erst dann zutage treten, wenn wichtige Störungsprozesse bereits abgelaufen sind. Controlling dient jedoch dem Ziel, die sich anbahnenden Abweichungen frühzeitig zu erkennen und die Unternehmung in die Lage zu versetzen, Ziele trotz Störprozessen annähernd zu erreichen. Hierzu müssen auch Randbedingungen der Unternehmungstätigkeit und mit ihnen die umfassende Sicherheitszielsetzung einbezogen werden. Aus dieser Sicht erscheint das Risiko-Management i. e. S. geradezu als *Controlling im Bereich der Bedingungsrisiken.*

Wer die Vielfalt organisatorischer Konsequenzen des Risiko-Managements überblickt, wird sich die Frage stellen müssen, ob die Unternehmung nicht überfordert ist. Zunächst ist festzustellen, daß viele der erwähnten Sicherungssegmente unter anderem Titel in den meisten Unternehmungen bereits abgedeckt sind. Wenn dem so ist, so genügt die Koordination, damit Lücken aufgespürt und durch gezielte Maßnahmen geschlossen werden können. Organisatorische Maßnahmen haben sodann den Vorteil, daß sie im Verhältnis zu Sachinvestitionen in die Sicherung relativ kostengünstig sind und zugleich einen Beitrag zur allgemeinen Führungsqualität erbringen. Und schließlich wird die Einsicht obsiegen müssen, daß sich das „Zeitalter der Diskontinuität" tatsächlich in erhöhten Anforderungen an die Überlebenssicherung durch Führung niederschlägt. Damit stellt sich auch die Frage nach der *künftigen Entwicklung* des Risiko-Managements. (Vgl. S. 117 ff.)

Risk Management in einem internationalen Konzern

Von Jürgen Herrmann

Inhaltsübersicht

1. Vorbemerkungen
   1.1 Allgemeine Problematik
   1.2 Eine praktische Lösung
2. Projektstudie
   2.1 Ausgangssituation
   2.2 Ergebnis der Projektarbeit
   2.3 Empfehlungen
3. Einführung der Funktion „Risk Management" im Konzern
4. Risk Management Grundsätze
5. Praktische Durchführung (Umsetzung der Konzeption in die Praxis)
   5.1 Kommunikation
   5.2 Prioritäten
   5.3 Zentraler Einkauf von Versicherungen
       5.3.1 Konsortium von Versicherern
       5.3.2 Grundsatzvereinbarung mit Konsortialpartnern
       5.3.3 Rahmenverträge
       5.3.4 Einführung des Internationalen Versicherungsprogramms im Konzern
       5.3.5 Der wirtschaftliche Effekt
6. Risikoanalysen
7. Eventual-Fall-Planung (Contingency Planning)
8. Schadenverhütungsinvestitionen
9. Selbstversicherung – eine realisierbare Alternative
   9.1 Risikofonds
   9.2 Konzerneigene Versicherungsgesellschaft (Captive)
10. Weitere Aufgaben des Konzern-Risk Managers
    10.1 Mitwirkung bei Akquisitionen
         10.1.1 Risikobewertung
         10.1.2 Integrierung des Risk Management Programms
         10.1.3 Zusammenfassung
    10.2 Computer Risiko
         10.2.1 Risikoanalyse
         10.2.2 Unterbrechungsrisiko
         10.2.3 Eventual-Fall-Planung (Contingency Planning)
         10.2.4 Versicherungsschutz
11. Schlußbemerkungen

1. Vorbemerkungen

1.1 Allgemeine Problematik

Der Erfolg eines Unternehmens oder Konzerns ist einer Vielzahl von Risiken ausgesetzt. Beispielhaft hierfür stehen die folgenden Fälle:

I. Ein Schaubild der National Fire Protection Association der USA[1] vermittelt uns eine erschreckende Erfahrung, und zwar wie wenig Unternehmen nach einem großen Feuerschaden tatsächlich im Geschäft bleiben.

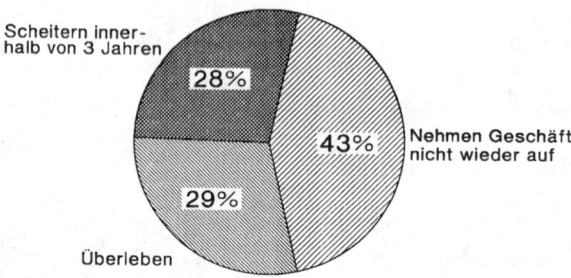

II. Als weiteres Beispiel wird in freier Übersetzung das folgende zitiert[2]:
„Apex International schien einen guten Kauf mit dem Erwerb von Larson Industrial Corporation gemacht zu haben. Larson war ein gut geführtes Unternehmen mit einem soliden Image, guten Wachstumsraten in eingeführten Märkten und vernünftiger Eigenkapitalausstattung.
Aber was das Management von Apex International nicht wußte, war, daß Larson gefährliche Abfälle über lange Zeit illegal abgelagert hatte. Die Konzernleitung wurde bald mit dieser unwillkommenen Nachricht überrascht, als Anwohner und Eigentümer eines betroffenen Gebietes eine Klage gegen Apex einbrachten. Jahre teurer gerichtlicher Auseinandersetzungen folgten, die in einer Verurteilung von Apex kulminierten. Weder die hohen Gerichtskosten, noch die Schadenersatzleistung oder die Millionen Dollar kostende Beseitigung der Umweltverschmutzung waren versichert. Alle sagten, Apex habe einen „teuren weißen Elefanten" gekauft. Obwohl dies ein fiktiver Fall ist, bewegen wir uns dennoch in einem allzu realen Feld: Eine Statistik für 1980 zeigt für USA, daß 30% aller wegen Akquisitionen von eigenen Aktionären oder Aktionären der gekauften Unternehmen gegen das Konzernmanagement gerichteten Schadenersatzklagen im Rahmen der „Directors and Officers Liability" mit Schadenersatzzahlungen von über US-$ 500 000 abgeschlossen wurden. Die höchsten Urteile lagen zwischen US-$ 10 und 20 Millionen."

---

[1] National Fire Protection Associaton, „Introduction to Fire Protection", Boston 1974, S.1–15.
[2] Moody, Michael J., „Liabilities may cause Rocky Corporate Marriage", in: Best's Review 4/1983, S. 22.

Ähnliche Beispiele können auch für das Produkthaftpflicht- oder allgemeine Haftpflichtrisiko genannt werden.

Die folgenden Ausführungen werden aufzeigen, wie Risk Management zu einer Schadenminimierung und damit zur Erfolgsoptimierung in einem Unternehmen beitragen kann.

1.2 Eine praktische Lösung

Am Beispiel Swedish Match soll der Weg von der Idee über die konzeptionelle Gestaltung zur praktischen Funktion „Risk Management" dargestellt werden.

Swedish Match ist ein internationaler Industriekonzern mit einer hauptsächlich auf Produkte für Raumgestaltung und Innenausbau, Konsumgüter und Verpackungen ausgerichteten Tätigkeit. Der Konzern ist mit etwa 150 Tochtergesellschaften und Beteiligungen in rund 40 Ländern in aller Welt präsent.

Der Swedish Match Konzern umfaßt folgende Sparten:

Tarkett (Fußböden), Küchen, Türen, Match (Zündhölzer, Feuerzeuge usw.), Akerlund & Rausing (Verpackungen und Konsumgüter) und Sonstige Aktivitäten.

Die Konzernhauptverwaltung hat ihren Sitz in Stockholm.

Der Jahresumsatz 1984 beträgt 9,8 Milliarden Schwedische Kronen (rund 3,3 Milliarden DM), davon 75% außerhalb Schwedens.

Ein Organisationsschema ist in Anhang 1 dargestellt.

2. Projektstudie

Die Bedeutung, die die Konzernleitung den Fragen Risk Management und Versicherung gibt, veranlaßte zu der Bildung einer Projektgruppe, bestehend aus einem englischen Berater und dem Autor als Projektleiter.

2.1 Ausgangssituation

Die Projektstudie zeigt für das Jahr 1978 folgendes Bild. Alle Versicherungsfragen werden individuell von den einzelnen Konzerngesellschaften behandelt. Allein in Europa zeichnen 50 Versicherer führend (insgesamt ca. 150 Versicherer) die Risiken der verschiedenen Gesellschaften. Dabei werden die Dienstleistungen von 29 verschiedenen Maklern in Anspruch genommen.

2.2 Ergebnis der Projektarbeit

Das Ergebnis der Projektgruppe wurde der Konzernleitung im August 1978 in einer ausführlichen Präsentation dargestellt. Die Zusammenfassung dieser Präsentation, auf der die weitere Entwicklung der Funktion „Risk Management" im Konzern im wesentlichen basiert, sagt folgendes:

	1978	1978	1978	1978	1979	1979	1979	1979	1980
– Grundsatz- entscheidung	31. Aug. ●								
– Auswahl der Versicherer und erste Verhandlungen	////////●	31. Okt.							
– Risiko- übersichten	/////////////●		30. Nov.						
– Abschluß der Prämien- und Deckungsver- handlungen	//////////////////●			31. Dez.					
– Inkraftsetzen der weltweiten Policen	/////////////////////////●				01. Jan.				
– Interne Kon- ferenzen und Seminare bis	//					31. März			
– Ausführliche Risiko- analysen bis	///						30. Apr.		
– Erörterung eines möglichen Standortes für die Captive bis	///								
– Entscheidung über eine Captive basierend auf – Risikoana- lysen und – Standort- diskussion bis	///							30. Juni	
– Gründung einer Captive	///								01. Jan.

2.3 Empfehlungen

1. Der Konzern soll den Einkauf von Versicherungen zentralisieren, um seine Einkaufsmacht wirkungsvoll auszunutzen und um nicht versicherte Bereiche in den Deckungsschutz einzubeziehen.
2. Ein Risikofinanzierungsplan soll erarbeitet werden, auf dem die zukünftige Risikobehandlung basiert.
3. Dieser Plan und die damit zusammenhängenden Versicherungsprogramme sollen dem gesamten Management durch eine Reihe von Konferenzen und Seminaren nähergebracht werden.
4. Die offensichtlichen Lücken in der Haftpflicht- und Betriebsunterbrechungsversicherung müssen dringend untersucht werden.
5. Der Konzern soll die bestehenden Gefahren in einer breiteren Sicht als bisher betrachten, besonders im Hinblick auf wirksame Schadenverhütungsmaßnahmen.
6. Notfall- und/oder Engpaßplanung (contingency planning) soll eingeführt werden, um die Notwendigkeit von Betriebsunterbrechungsversicherungen festzustellen und um Schadenverhütungsmaßnahmen zu verbessern.
7. Eine Versicherungseinkaufstrategie soll festgelegt werden. Dieses Programm soll den Abschluß von weltweiten Deckungen für Feuer- und Feuerbetriebsunterbrechungsversicherung, Haftpflicht- und Automobilversicherung beinhalten, wenn möglich ausgehandelt mit einem Konsortium von drei Versicherern. Alle übrigen Versicherungen sollen soweit wie möglich bei diesen Versicherern plaziert werden.
8. Der Versicherungsplan soll außerdem die Einführung von Selbstbeteiligungen für jede Versicherungsart enthalten. Die Festlegung der Höhe der Selbstbeteiligung soll die lokalen und zentralen Anforderungen des Konzerns sowie eine mögliche Kumulierung pro Jahr berücksichtigen.
9. Die Verhandlungen mit dem vorgesehenen Konsortium müssen sicherstellen, daß vollständige Risikoanalysen für jedes Werk des Konzerns erarbeitet werden, und daß die Versicherer bereit sind, mit einer konzerneigenen Versicherungsgesellschaft (Captive) in näherer Zukunft zusammenzuarbeiten.
10. Basierend auf zufriedenstellenden Schadenverhütungsmaßnahmen und sorgfältiger Auswertung der detaillierten Risikoanalysen soll der Konzern eine konzerneigene Versicherungsgesellschaft mit Standort Schweden, Guernsey oder Bermuda gründen, die die Konzernrisiken rückversichert.
11. Der empfohlene Zeitplan sieht wie folgt aus (vgl. S. 50).
12. Die Gespräche mit den vorgesehenen Konsortialpartnern sollen vertraulich gehandhabt und eine sorgfältige Strategie festgelegt werden, um möglichen Widerständen und Schwierigkeiten von Seiten des Versicherungsmarktes entgegenzuwirken.
13. Das empfohlene Versicherungsprogramm soll zu Einsparungen von mindestens 35% – bei vergleichbaren Grunddaten – führen. Bei Einbeziehung von Schäden im Rahmen der Selbstbeteiligung und der Kosten für zusätzliche Versicherungsdeckungen für derzeit nicht versicherte Bereiche werden diese Einsparungen möglicherweise auf 15% reduziert. Es müßte deshalb möglich sein, den Konzernversicherungsschutz bei niedrigeren Kosten wesentlich zu verbessern, wobei die üblichen Kostensteigerungen infolge von Summenerhöhungen und Inflation unberücksichtigt bleiben.

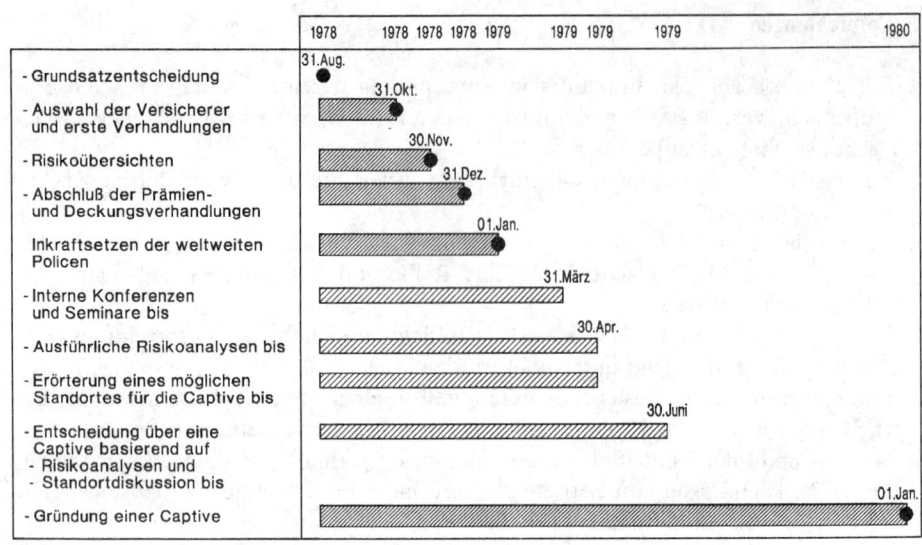

3. Einführung der Funktion „Risk Management" im Konzern

Im September 1978 wurde die Funktion „Risk Management" neu geschaffen. Der Corporate Risk Manager berichtet dem Vice-President Finance.

Die praktische Ansiedlung erfolgte durch die Aufwertung einer zu einer Tochtergesellschaft des Konzerns gehörenden Versicherungsvermittlungsgesellschaft in der Bundesrepublik Deutschland. Diese Gesellschaft wurde direkt der deutschen Holding zugeordnet und der Aufsichtsrat durch den Executive Vice-President Economy/Finance und den Vice-President Finance des Konzerns besetzt. Die direkte Kommunikation mit der ersten Führungsebene des Konzerns ist für eine erfolgreiche Ausführung dieser Funktion von grundsätzlicher Bedeutung (siehe Anhang 1).

Darüberhinaus bietet die Verbindung mit der firmeneigenen Versicherungsvermittlungsgesellschaft erhebliche finanzielle Vorteile gegenüber einer normalen Stabsfunktion. Diese organisatorische Konstruktion ermöglicht es, die Risk Management Funktion durch Provisionseinnahmen, die früher an fremde Vermittler gezahlt wurden, selbst zu finanzieren.

Erwähnt werden muß an dieser Stelle noch, daß im Rahmen einer Darstellung der Funktionen des Finanzbereiches und der damit verbundenen Zuständigkeit, die vom Aufsichtsrat im Oktober 1978 genehmigt wurde, eine ausführliche Beschreibung von Risk Management enthalten ist, die eine wesentliche Grundlage für die Zusammenarbeit mit den übrigen Konzernbereichen bildet.

4. Risk Management Grundsätze

Die Risk Management Grundsätze „Risk Management Policy Statement"[3,4], die allgemein gültig formuliert die Risikopolitik des Konzerns widergeben, basieren auf der vom Aufsichtsrat genehmigten Funktionsbeschreibung.

Swedish Match Risk Management-Grundsätze	
	Es ist unser Ziel, die Risikofinanzierungskosten zu optimieren und das Schadenpotential des Konzerns zu minimieren. Dies ist unbedingt notwendig, um die Konkurrenzfähigkeit gegenüber anderen vergleichbaren international tätigen Konzernen sicherzustellen und nicht kalkulierbare Schäden zu vermeiden.
	Deshalb werden die folgenden Richtlinien eingeführt:
	Konzerngrundsätze sind
Keine unnötige Versicherung	alle Schäden, die unbedeutend für die Ertragssituation sind, selbst zu tragen. Grenzwerte sollen jährlich im Versicherungsplan festgehalten werden.
Versichern nur mit Selbstbeteiligung	Versicherungen für alle Risiken, die nicht selbst getragen werden, soweit wie möglich zu Marktpreisen kaufen, wobei jeweils der Anteil des Risikos selbst getragen werden soll, für den wirtschaftlich rentable Prämiennachlässe zu erzielen sind.
Risikoanalysen mind. 1 × jährlich	fortlaufende Überprüfung aller Risiken des Konzerns.
Schadenverhütung ist notwendig	Entwicklung und Durchführung von Schadenverhütungsmaßnahmen auf allen Ebenen des Konzerns soweit dies wirtschaftlich rentabel ist, um Bedingungen und Prozesse, die zufallsbedingt Schäden verursachen können, zu eliminieren oder zu reduzieren.
	Dezentralisierung der Risk Management Funktion
	Es liegt in der Verantwortung der jeweiligen Gesellschaft:
	– eine Risk Management Funktion zu schaffen
Definiere Sicherheitsnormen, führe Protokolle über Qualitätsprüfung	– eine Produktsicherheits-Funktion einzurichten und aufrechtzuerhalten

---

3 Williams, Arthur C. jr. and Heins, Richard M., „Risk Management & Insurance", New York 1971, S. 36ff.
4 Bannister, J. und Bawcutt, P. „Practical Risk Management", London 1981, S. 1–23.

Schadenverhütung formal einführen	– ein formales Feuerschaden-Verhütungsprogramm einzuführen
	– alle laufenden Versicherungsangelegenheiten zu bearbeiten
Policen für jede Gesellschaft, jährliche Prüfung der Risiken und Werte	– die Versicherungsdokumente und -akten auf dem laufenden zu halten
Schadenverhütung Notfallplanung	Es ist die Aufgabe der Spartenleitung
	– den einzelnen Gesellschaften eine bessere Kenntnis über Risk Management als integrierter Bestandteil der industriellen Entwicklung zu vermitteln.
Versicherungspläne für jede Gesellschaft	– Versicherungspläne auszuarbeiten unter Verwendung der Richtlinien des Konzern-Risk Managers. Die Versicherungspläne sollen durch die Spartenaufsichtsräte genehmigt werden.
	– sicherzustellen, daß die Versicherungspläne eingehalten werden.
	Das Risk Management Konzept erfordert die Ernennung eines Konzern-Risk Managers innerhalb der Konzern-Finanzfunktion.
	Zu den Aufgaben und Verantwortlichkeiten des Konzern-Risk Managers zählen:
Einführung des Risk Management Konzepts	– die Einführung/Durchführung der Swedish Match Risk Management Grundsätze zu koordinieren
Abschluß von Rahmenverträgen	– das gesamte Nachfragepotential für den Versicherungseinkauf voll auszuschöpfen
Hilfe bei der Lösung individueller Probleme und Schadenregulierungen	– die Sparten und einzelnen Konzerngesellschaften bei der Lösung von einzelnen Versicherungs- oder Risikoproblemen einschließlich Schadenregulierung zu unterstützen
	– ein umfassendes Risk Management/Schadenverhütungsprogramm mit den Sparten und einzelnen Konzerngesellschaften zu entwickeln
Entwicklung von Selbstversicherungslösungen	– den Anschluß an internationale Entwicklungen im Bereich Risk Management zu halten
Wechselseitige Kommunikation zwischen Sparten, Gesellschaften und Konzern-Risk Management Funktion	Bei der Durchführung dieser Aufgaben ist der Konzern-Risk Manager auf die Zusammenarbeit mit allen Mitarbeitern innerhalb der Sparten, Niederlassungen und Abteilungen angewiesen, um Informationen zu erhalten und eine Koordinierung der Aufgaben zu gewährleisten.

> Die Entwicklung dieser Zusammenarbeit, mit dem Ziel aller Vorteile eines gut funktionierenden Risk Management Programmes für alle Einheiten und den Konzern ist ein wichtiger Bestandteil der Gesamtaufgabe des Konzern-Risk Managers.

Sie bilden auch einen wesentlichen Bestandteil der von Risk Management an die verschiedenen Konzernbereiche gegebenen schriftlichen Informationen über Risk Management – Ziele und Inhalt – (siehe Anhang 2).

5. Praktische Durchführung
Umsetzung der Konzeption in die Praxis

5.1 Kommunikation

In vielen Einzel- und Gruppengesprächen wurde die Zielsetzung, die mit der Schaffung der Funktion „Risk Management" verbunden ist, allen Konzernebenen nähergebracht.

Zur Vertiefung der Kenntnisse wurden im Mai 1980 zwei 2tägige Seminare für die leitenden Mitarbeiter der europäischen Gesellschaften durchgeführt (Programm siehe Anhang 3).

Zu einem Halbtagsseminar für die Konzernleitung und die Spartenleitungen hatte der President/Chief Executive Officer des Konzerns persönlich eingeladen (Programm siehe Anhang 4).

5.2 Prioritäten

Die sinnvolle praktische Durchführung des theoretisch erarbeiteten Programms (siehe 2.3) ist nur möglich, wenn eine Reihenfolge festgelegt wird, da alles auf einmal nicht durchführbar ist. Da erfahrungsgemäß nichts überzeugender wirkt als Geld, wurden die folgenden Aufgaben in Angriff genommen:

– Realisierung der selbst vorgegebenen Einsparungen an Versicherungsprämien
– Schließen der Deckungslücken, die Katastrophendimension für das Unternehmen annehmen können.

5.3 Zentraler Einkauf von Versicherungen

Ist ein zentraler Einkauf von Versicherung zu einheitlichen Bedingungen für Europa und USA bei der Komplexität der verschiedenen nationalen Märkte und der unterschiedlichen Einflüsse durch die nationalen Versicherungsaufsichtsgremien überhaupt möglich?

In dem hier geschilderten Fall ist dies möglich, da das schwedische Versicherungsrecht den Parteien volle Freiheit bei der Vertragsgestaltung einräumt; Grenzen setzt nur der

Weltrückversicherungsmarkt. Die Rahmenverträge sind jeweils zwischen der schwedischen Muttergesellschaft und den beteiligten – nicht nur schwedischen – Versicherern geschlossen.

An dieser Stelle sollte jedoch ergänzt werden, daß es immer legale Konzepte auch für andere Länder gibt.

5.3.1 Konsortium von Versicherern

Die Entscheidung für ein Konsortium von drei Versicherern, die gleichberechtigt, unter Umständen jedoch mit unterschiedlichen Prozentsätzen, am Gesamtgeschäft beteiligt sein sollen – z. B. 30%/30%/40% – hat im wesentlichen folgende Gründe:

Das gesamte Programm soll nicht vom „good will" eines einzigen Versicherers und dessen sich möglicherweise ändernder Geschäftspolitik abhängig sein.

Ein Versicherer von drei ist immer einfacher zu ersetzen, als das gesamte Programm neu zu etablieren.

Die unterschiedliche Interessenlage und der Input mehrerer Versicherer führt meistens zu günstigeren Verhandlungsergebnissen als zweiseitige Verhandlungen.

Und schließlich spielt der lokale Service in den verschiedenen Ländern eine wichtige Rolle. Es gibt kaum einen Versicherer, der in allen europäischen Ländern und in USA vertreten ist und guten Service bietet. Mit drei Versicherern ist das Problem schon eher zu lösen.

Dieser Ansatz beinhaltet, daß der Konzern bei der Auswahl des Konsortiums Versicherer im Auge hatte, die üblicherweise ihren Service direkt, d. h. ohne die Einschaltung von Maklern, erbringen, um den relativ hohen Kostenanteil, der ja immer mit der Prämie bezahlt werden muß, zu reduzieren.

5.3.2 Grundsatzvereinbarungen mit Konsortialpartnern

Aus einer Reihe von Verhandlungen mit verschiedenen international tätigen Versicherern kristallisierten sich schließlich drei heraus, die an einer langfristigen Zusammenarbeit interessiert waren.

Die wesentlichen Bedingungen der Zusammenarbeit wurden in Grundsatzvereinbarungen oder „Letter of Intent" schriftlich fixiert, deren Inhalt wie folgt zusammengefaßt werden kann:

a) Partner der Vereinbarung
b) Anteil des Versicherers am Konsortium in %
c) Erster Schritt, z. B. Sach- und Haftpflichtversicherungen
d) Schrittweise Einbeziehung aller übrigen Versicherungen in das Konzept
e) Bereitschaft, mit der konzerneigenen Versicherungsgesellschaft zusammenzuarbeiten (Fronting- und Rückversicherungsprogramm);
f) Kostenbeitrag zu Risikoanalysen, die von einem Konsortialpartner durchgeführt werden sollen;
g) Grundlage des Versicherungsprogramms sind noch zu erarbeitende Rahmenverträge;

h) Jeweils ein Konsortialpartner wird die erforderlichen Einzelverträge in einem Land ausstellen;
i) Zusätzlich für Feuer- und Feuerbetriebunterbrechungsversicherung
Risk Management/Paketnachlaß von ... %
Rabattstafel für Selbstbeteiligung
DM 50 000   ... %
DM 250 000   ... %
DM 500 000   ... %
Rahmenvertrag beinhaltet für alle Werke die sogenannte „Extended Coverage" (= erweiterte Deckung mit 17 versicherten Gefahren – siehe Anhang 5);
Bezugsgröße für alle Prozentsätze ist das derzeitige Prämienniveau, das sich aus den Policen in den verschiedenen Ländern ergibt;
j) Für Maschinen- und Maschinenbetriebsunterbrechungsversicherung (ähnliche Vereinbarungen wie unter i);
k) Für Haftpflichtversicherung
Nationale Policen für die einzelnen Konzerngesellschaften
Grundlage für Rahmenvertrag, z. B. Deckungsumfang entsprechend der amerikanischen CGL-Bedingungen für Allgemeine- und Produkthaftpflicht
Deckungssummen pro Schadenereignis und pro Jahr
Selbstbeteiligung
Schadenbearbeitung auch im Rahmen der Selbstbeteiligung
Prämiensatz in ‰ vom Umsatz für Europa:...
‰ vom Umsatz für USA: ...

Eine derartige Vereinbarung bietet eine gute Grundlage für die weitere Entwicklung des internationalen Versicherungsprogramms. Der nächste Schritt ist in dieser Vereinbarung schon genannt:

5.3.3 Rahmenverträge oder „Master Policies"

Es ist grundsätzliche Politik des Konzerns, daß jede rechtlich selbständige Einheit in den verschiedenen Ländern gültige nationale Versicherungspolicen für die zu versichernden Risiken erhält.
Für die in Frage kommenden Versicherungsarten

Feuer- und Feuerbetriebsunterbrechungsversicherung
Maschinen- und Maschinenbetriebsunterbrechungsversicherung
Haftpflicht- einschließlich Produkthaftpflichtversicherung

bedeutet dies, daß für ca. 80 Gesellschaften in Europa und USA bisher ca. 300 nationale Versicherungspolicen bestanden, deren Deckungsumfang aufgrund der Vielfalt von Bedingungen, Usancen etc. von der Konzernleitung nicht in den notwendigen Einzelheiten beurteilt werden konnte.
Die Aufgabe, die sich stellt, lautet: Rahmenverträge oder Master Policies zu erarbeiten, die den Versicherungsschutz verbindlich regeln, den der Konzern zur Mindestabsicherung seiner Einheiten als angemessen ansieht.

Evtl. erweiterte Deckungen aufgrund nationaler Gepflogenheiten können in die nationalen Policen aufgenommen werden. Alle Prämien werden über die nationalen Policen bezahlt und dann mittels fakultativer Rückversicherung mit dem Konsortium verrechnet.

Das Funktionieren dieses Systems soll am Beispiel des Rahmenvertrags Haftpflichtversicherung verdeutlicht werden (Vers. = Versicherer):

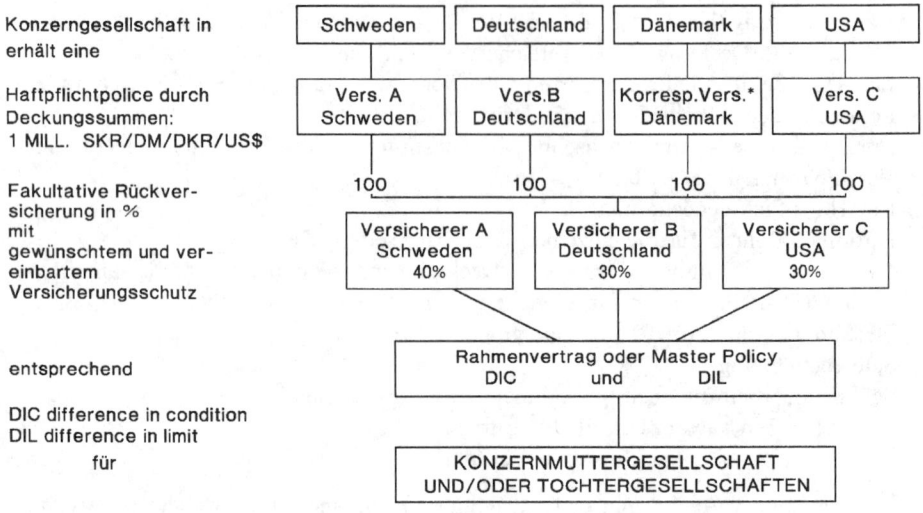

*) S.a. Ziffer 5.3.4, 4. Absatz

Eine Übersicht über den Inhalt der wichtigsten Rahmenverträge Feuer- und Feuerbetriebsunterbrechungsversicherung und Haftpflichtversicherung ist in Anhang 5 und 6 wiedergegeben.

Die schwierige Aufgabe, derartige Rahmenverträge auszuhandeln und zu formulieren, ist jedoch deshalb so wertvoll, weil sie die Möglichkeit gibt, einen maßgeschneiderten Versicherungsschutz für den Konzern zu schaffen. Heute weiß die Konzernleitung, welche Risiken wie in den verschiedenen Ländern versichert sind! Außerdem sei noch auf die erhebliche Reduzierung der Verwaltungsarbeit hingewiesen; 3 Rahmenverträge oder Master Policies ersetzten ca. 300 Versicherungspolicen in 10 verschiedenen Sprachen hinsichtlich der Vereinbarung des Versicherungsschutzes. Die lokalen Policen haben nur noch Hilfsfunktionen, sie dienen u. a. dazu, die Prämien für den Rahmenvertrag zu erheben.

Die Bedeutung der lokalen Versicherer für das Funktionieren des Systems ist nach wie vor wichtig, z. B. bei der Schadenregulierung oder Schadenabwehr.

Noch einige Bemerkungen zum Rahmenvertrag Feuer- und Feuerbetriebsunterbrechung. Derartige Verträge, die u. a. die im internationalen Versicherungsmarkt üblichen und bekannten Bedingungen zum Inhalt haben können, bieten die Möglichkeit, einschränkende nationale Tarifkonditionen wie z. B. Rabatte für Selbstbeteiligung oder

Tarifierung von „highly protected risks" auf das international angemessene Niveau zu verbessern.

5.3.4 Einführung des Internationalen Versicherungsprogramms im Konzern

Der Konzern erwirtschaftete im Jahr 1978 mehr als 90% der Umsätze in Europa und USA. Deshalb wurde die Einführung dieses Programms auf diesen Teil der Welt beschränkt. In der Praxis sieht das so aus, daß die Konzernleitung alle Konzerngesellschaften in Europa und USA noch im September '78 anwies, die bestehenden Versicherungsverträge (Feuer/Feuerbetriebsunterbrechung, Maschinen/Maschinenbetriebsunterbrechung, Haftpflicht) nicht über den 31. 12. 1978 hinaus zu verlängern oder wenn nötig zum nächstmöglichen Termin zu kündigen.

Der Konzern-Risk Manager unterrichtete dann die einzelnen Konzerngesellschaften im Dezember 1978 ausführlich über die ab 1. Januar 1979 eintretenden Änderungen. Zunächst wurden die kostenintensiven Versicherungsarten (Feuer/Feuerbetriebsunterbrechung) angesprochen und dargestellt, daß durch Paketrabatt (zentraler Einkauf!) und die obligatorische Einführung eines Mindestselbstbehaltes (ca. 50000 DM) eine direkte Kostenreduzierung von ca. 30% erzielt wird, bezogen auf den Prämiensatz der jeweils ablaufenden Versicherungspolicen. Darüber hinaus wurde auf den wesentlich erweiterten Deckungsschutz des Rahmenvertrages – das galt für die überwiegende Anzahl der Gesellschaften (siehe Anlage 5) – der ohne Mehrkosten ab sofort Gültigkeit hat, hingewiesen.

Etwas anders sah es für die Haftpflichtversicherung aus. Hier bestanden bisher entweder keine Deckungen, Deckungen mit nicht ausreichenden Versicherungssummen oder erhebliche Deckungslücken. Die Anhebung der Haftpflichtversicherung auf internationalen Standard lag im Rahmen der grundsätzlichen Konzernentscheidung. Durch die Einführung einer Mindestselbstbeteiligung (ca. 20000 DM) wurden die Kosten erheblich reduziert, so daß im Endeffekt hier meistens keine Mehrkosten entstanden, der Deckungsschutz jedoch für Großschäden immer ausreichend ist, und damit dem eigentlichen Zweck einer Versicherung entspricht, Katastrophenschäden und nicht etwa „laufende Betriebsausgaben" (= viele kleine Schäden) zu decken.

Das Konsortium übernahm dann durch eigene Gesellschaften in den jeweiligen Ländern den lokalen Service, in einigen Fällen, wenn keine eigene Niederlassung bestand, auch über Korrespondenzversicherer, beginnend mit der Erteilung von Deckungszusagen rechtzeitig vor Inkrafttreten der neuen Deckungen zum 1. Januar 1979 oder bei späterem Ablauf vorhandener Versicherungen im Laufe des Jahres 1979.

Bis zum Ende des Jahres 1979 waren ca. 85% der Konzerngesellschaften in das internationale Versicherungsprogramm integriert.

Das Haftpflichtversicherungsprogramm erfaßte bereits mit dem 1. Januar 1979 alle Konzerngesellschaften in Europa und USA.

5.3.5 Der wirtschaftliche Effekt

Die Kosteneinsparungen im Bereich der Feuer- und Feuerbetriebsunterbrechungsversicherung, die jeweils den einzelnen Konzerngesellschaften zugute kamen, betrugen kumuliert im 1. Jahr rund 1,6 Millionen DM, für die inzwischen erreichten 5 Jahre kumuliert rund 10,5 Millionen DM. Weiterhin erwies sich der durch den Rahmenvertrag erweiterte Deckungsschutz bei einigen Schadenfällen als tatsächlicher Vorteil, weil Schäden reguliert wurden, die vorher nicht versichert waren. Die Summe der im Rahmen der Selbstbeteiligung in diesen 5 Jahren selbst getragenen Schäden von rund 2 Millionen DM wird durch die vorher nicht versicherten Schäden nahezu ausgeglichen.

6. Risikoanalysen

Wesentliche Voraussetzung für eine wirksame Durchsetzung der Risk Management Konzeption ist die genaue Kenntnis der tatsächlichen Risikosituation in den Werken des Konzerns. Deshalb wurde mit dem Konsortium vereinbart, daß ein Konsortialpartner – ein international anerkannter Industrieversicherer mit entsprechendem „know-how" – Risikountersuchungen durchführt, die das Konsortium im Rahmen der Versicherungsprämien finanziert.

Inhalt dieser Berichte ist:

- Beurteilung des Feuerrisikos
- Beurteilung des Feuerbetriebsunterbrechungsrisikos
- Beurteilung des Sturmrisikos
- Beurteilung des Überflutungsrisikos
- ggf. Beurteilung des Erdbebenrisikos
- Schätzung des Feuerhöchstschadens
- Schätzung des Feuerbetriebsunterbrechungshöchstschadens
- Beurteilung der Löschwasserversorgung
- Schadenverhütungsempfehlungen

Diese Berichte, die jährlich auf dem laufenden gehalten werden, bilden eine wichtige Grundlage für die objektive Risikobewertung, für Schadenverhütungsmaßnahmen, sowie bei Verhandlungen mit Versicherern und Rückversicherern, wie später noch im einzelnen dargelegt wird.

An dieser Stelle muß auf den Effekt der Selbstbeteiligung im Rahmen der Feuer- und Feuerbetriebsunterbrechungsversicherung hingewiesen werden. Feuerschäden sind häufig die Folge von Zusammenwirken menschlichen Versagens (Nichtbeachten von Sicherheitsvorschriften, Fahrlässigkeit etc.), für die das einzelne Unternehmen bis zur Höhe der Selbstbeteiligung von ca. 50 000 DM für Sachschäden und nochmals ca. 50 000 DM für Betriebsunterbrechungsschäden selbst aufkommen muß. Unter diesem Aspekt gewinnen Schadenverhütungsempfehlungen, insbesondere diejenigen, die ohne wesentliche Investitionen realisiert werden können, an Bedeutung, da sie direkt unnötige Kosten vermeiden helfen. Ein verantwortungsvolles Management kann durch penible Durchführung der Schadenverhütungsempfehlungen sowohl die direkten Schadenkosten reduzieren als auch die Wahrscheinlichkeit des Eintritts eines größeren Schadens verringern; oder von einem anderen Gesichtspunkt: das Tragen eines Schadens bis zu 50 000 DM ist ein „Lehrgeld", das wirksam auf die Nutzung des bereits „vorhandenen Wissens" (Schadenverhütungs-Empfehlungen) aufmerksam macht.

7. Eventual-Fall-Planung (Contingency Planning)

Um eine weitere Sicht der die verschiedenen Unternehmen bedrohenden Risiken zu gewinnen, wurden beispielhaft für jede Sparte „Contingency Planung Studies" für ein oder zwei Werke zusammen mit einem englischen Berater durchgeführt.

Hierbei geht es nicht nur um versicherbare Gefahren, sondern um alle negativen Effekte, die den Produktionserfolg in Frage stellen können.

Im einzelnen wird auf folgende Punkte eingegangen und versucht, die Auswirkungen auf den Ertrag zu bewerten:

- Lieferanten für Rohmaterial etc.
- Energieversorgung (Strom, Gas, Wasser, Kohle, Heizöl)
- Produktionsprozeß
  Engpaßsituation
  Spezialmaschinen
- Fertigwarenlager
  Verlauf der Lagerbestände
  Saisonabhängigkeit
- Schätzen der Wiederaufbauzeit der Gebäude
  (Einfluß der Jahreszeiten!)
- Wiederbeschaffungszeit für Spezialmaschinen
  (wichtig für Teilschaden, aber auch Großschaden)
- Marktanteil
  Auswirkung einer Produktionsunterbrechung auf Marktanteil
- Abhängigkeit von wenigen Kunden
- Abhängigkeit vom Transportsystem (Bahn, Straße, Schiff)
  Alternativen für Streikfälle z. B.

Diese Untersuchungen können wertvolle Grundlage sein für:

- Schadenschätzung für das einzelne Werk, sowie mögliche Wechselwirkung auf andere Konzerngesellschaften
- detaillierte Wiederherstellungspläne, um die Produktion so schnell wie möglich wieder in Gang zu bringen
- eine quantitative Ermittlung des Schadenpotentials und Auswirkung auf die Konzerngewinne und die Notwendigkeit für Feuer- und/oder Maschinenbetriebsunterbrechungsversicherungen.

Als Ergebnis derartiger Untersuchungen ergaben sich u. a. folgende interessante Erkenntnisse:

- die Abhängigkeit von nur zwei Lieferanten für ein wichtiges Rohmaterial
- 100% Abhängigkeit von einer einzigen Lackfabrik
- 100% Abhängigkeit von einer einzigen Leimfabrik
- totale Produktionsunterbrechung bei Unterbrechung der Elektrizitätsversorgung (nur eine Hauptzuleitung!)

- ernste Beeinträchtigung des Geschäftes durch einen Streik im Transportbereich
- erhebliche Abhängigkeit von einem einzelnen Abnehmer, mit Kummulationseffekt für den Konzern
- Effekt eines Großschadens auf die Marktposition:
  Im ersten Jahr nach Wiederherstellung kein Gewinn, im zweiten Jahr nach Wiederherstellung 50% Gewinn, im Vergleich zum heutigen Niveau.

Die so gewonnenen Erkenntnisse werden verwendet für

- organisatorische Verbesserungen (Eliminierung von Engpässen)
- Durchführung von Schadenverhütungsinvestitionen
- Gestaltung des Versicherungsschutzes

8. Schadenverhütungsinvestitionen

Ein immer härterer Konkurrenzkampf, bei dem das Halten von Marktanteilen – nur noch selten ist eine Ausweitung möglich – über die weitere Existenz entscheidet, zwingt dazu, nichts dem Zufall zu überlassen. Hier muß noch einmal auf die Ausführungen über die Folgen von großen Feuerschäden verwiesen werden. (siehe Ziffer 1.1)

Wenn als oberste Unternehmensmaxime „die Versorgung des Marktes" steht, muß alles getan werden, daß dies auch sichergestellt wird.

Hierzu kann die Funktion „Risk Management" durch die Information, die vorher bereits ausführlich erörtert wurde, (s. Risikoanalysen, Contingency Planning) sowie durch gezielte Investitionsvorschläge (z. B. Installation einer Sprinkleranlage, Hydranten, Brandmauern etc.) beitragen, die sich auf die Risikolage einerseits und auf die Auswirkungen auf die Marktposition andererseits beziehen.

Häufig wird dann ein derartiger Investitionsvorschlag an den üblichen Kriterien (ROI, Interne Verzinsung etc.) gemessen, die nur eine direkte Kosteneinsparung durch geringere Versicherungsprämien berücksichtigen.

Es liegt auf der Hand, daß dies ein falscher Ansatz ist, z. B. bei einer Investition für eine neue Produktionslinie wird der Rückfluß hierfür durch die Vermarktung für einen ganz bestimmten Zeitraum danach angenommen. Wie sicher diese Annahme ist, hängt einerseits von den Marktgegebenheiten ab, die hier nicht erörtert werden sollen, aber auch davon, ob man in einem Werk mit höchstem Brandschutzstandard (Sprinkleranlage, Betriebsfeuerwehr etc.) oder in einem Werk, das diesen Anforderungen nicht entspricht, investiert. D. h. die Qualität aller Investitionen ist auch abhängig von der Sicherheit der Produktionsstätte. Und weiterhin muß festgestellt werden, daß die Sicherheit nicht durch Versicherungen verbessert werden kann, sondern nur einige Auswirkungen eines Schadens.

Bei einem Feuerbetriebsunterbrechungsschaden ersetzt der Versicherer dann den ausfallenden Gewinn zuzüglich der fortlaufenden Kosten für die Haftzeit. Muß man jedoch erwarten, daß infolge einer längeren Betriebsunterbrechung (erhebliche) Marktanteile verlorengehen, weil z. B. die Kunden auch im Geschäft bleiben wollen und sich deshalb anderweitig versorgen müssen, wird offensichtlich, daß zusätzlich ein unversicherter Schaden eintritt. Es ist dem Unternehmer normalerweise nicht möglich, die ursprünglichen Marktanteile unmittelbar mit Produktionsaufnahme wieder zurückzugewinnen, schon eher im Verlauf weiterer 12–24 Monate, evtl. auch nie mehr.

Eine Untersuchung, die zu dem Ergebnis kommt, daß eine Betriebsunterbrechung wahrscheinlich zum teilweisen Verlust der Marktposition führt, ist überzeugend als Begründung für eine Investition für eine Sprinkleranlage, auch wenn eine Einsparung an Versicherungsprämien sie allein nicht rechtfertigt. Sie ist zur Erfüllung des Unternehmenszieles „den Markt regelmäßig mit eigenen Produkten zu bedienen", durch keine andere Maßnahme zu ersetzen. Die Wirksamkeit von Sprinkleranlagen in Industriebetrieben (9) wird bei einer Gesamtzahl von 66 945 Feuern mit 96,5% wiedergegeben. Eine Analyse der Ausfälle zeigt, daß bei sorgfältiger Wartung von einer Wirksamkeit von 98%–99% ausgegangen werden kann, d. h. ein großer Feuerschaden in einem Industriebetrieb ist nicht ein unglücklicher Zufall, sondern mangelnde Vorsorge. Wenn man den Einflußfaktor kennt, ist es einfach, die negativen Auswirkungen zu minimieren. Niemand würde wegen Kosteneinsparungen auf die Idee kommen, die Sicherheits-Checks eines Flugzeuges wegzulassen.

Die Kosten für die Installation einer kompletten Sprinkleranlage in einem mittleren Industriebetrieb liegen zwischen 1,5% und 3% des Wertes des gesamten Anlagevermögens. Eine Einbeziehung der Vorsorgemaßnahmen in die ursprüngliche Investitionsrechnung hätte nur marginale Veränderungen der Wirtschaftlichkeitskennziffern zur Folge gehabt.

Der Preis für Sicherheit – wie hier beschrieben – kann auch in Prozent des Betriebsergebnisses mit 1,5–2,0% unter Berücksichtigung der Einsparungen an Versicherungsprämie genannt werden (diese Werte wurden bei einer ausführlichen Untersuchung ermittelt).

Bezieht man schließlich noch die erhöhte Sicherheit der im Betrieb beschäftigten Menschen mit ein, sollte heute der Sprinklerschutz zum normalen Standard für die Industrie gehören.

Langfristig bietet ein geschützter Betrieb auch einen deutlichen Kostenvorteil gegenüber den ungeschützten (s. Anhang 7). Die Erfahrungen im Konzern mit Feuerschäden in geschützten Werken sind bisher nur positiv, d. h. die Sprinkleranlagen haben immer wieder entstehende Feuer gelöscht oder zumindest kontrolliert.

Schließlich sei erwähnt, daß im Konzern in den letzten drei Jahren Sprinkleranlagen für rund 6 Mio DM installiert wurden, im wesentlichen den Prämissen folgend, die hier dargestellt sind.

9. Selbstversicherung – eine realisierbare Alternative

Zur Risk Management Funktion gehört es, die Risikofinanzierungskosten unter Beachtung der Finanzkraft des Konzerns zu optimieren. Das folgende Schaubild (5) soll dies anschaulicher machen:

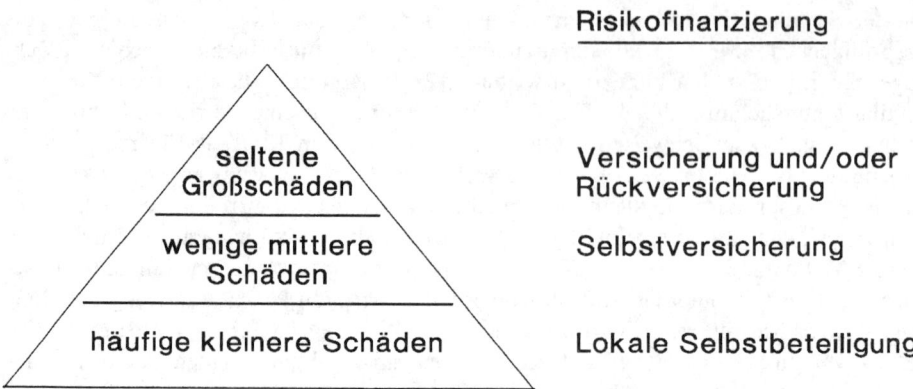

Die lokale Selbstbeteiligung wird so gewählt, daß alle kleineren Schäden von den einzelnen Konzerngesellschaften getragen werden, ohne damit die Ertragskraft der jeweiligen Einheit zu gefährden.

Schwieriger wird es dann, den Betrag für die Selbstversicherung zu definieren und evtl. auch einen Ausgleich über mehrere Versicherungsperioden (= Jahre) herbeizuführen. Anhaltspunkte hierfür bietet eine ausführliche Schadenstatistik der letzten 5 oder 10 Jahre.

Das verbleibende Risiko für seltene Großschäden wird transferiert an Versicherer und/oder Rückversicherer.

Grundlage dieser Überlegungen sind die statistischen Erkenntnisse, die den Zusammenhang zwischen Häufigkeit und Größenordnung von (Feuer-)Schäden darstellen und damit die Voraussetzungen für die „Excess of Loss" Rückversicherung zu schaffen (s. Anhang 8).

Als wichtige Voraussetzungen für eine Selbstversicherung-Lösung sollen hier genannt werden:

– funktionierendes Schadenverhütungsprogramm
– genügende Streuung der Risiken
– ausreichendes Prämienvolumen

9.1 Risikofonds

Eine Reihe von Versicherern in Europa und USA bieten Selbstversicherungslösungen an, die es ermöglichen, neben lokalen Selbstbeteiligungen einen zentralen Selbstbehalt für den Konzern festzulegen und über mehrere Versicherungsperioden Reserven zu bilden.

Grundlage ist ein Vertrag zwischen dem Konzern und den Versicherern über die Einrichtung eines Rückversicherungskontos, in dem u. a. geregelt wird

– Versicherungsart (z. B. Feuer und Feuerbetriebsunterbrechung)
– Geltungsbereich
  Konzerngesellschaften in den verschiedenen Ländern

- Rückversicherungsprämie
- Rückversicherungskonto
  Einnahmen und Ausgaben
- Gewinn
- Verlust
- Zinsen
  einschl. Zinsberechnung
- Schadenekzendetenrückversicherung
  unter Berücksichtigung des zentralen Selbstbehaltes
- Stop Loss Rückversicherung
  zur Vermeidung einer zufälligen Kumulierung in einem Jahr
- Laufzeit (mindestens 2 Jahre, möglichst 3 Jahre)
- Verwaltungskosten
- Währung
- Beendigung des Vertrages
- Schiedsvereinbarung

Das Funktionieren dieser Lösung kann wie folgt dargestellt werden:

	Risiko	Prämie
Jede Konzerngesellschaft versichert mit der lokalen Versicherungsgesellschaft	100% mit	100,00
der lokale Versicherer zeichnet einen Eigenbehalt von 5–20% und zediert das verbleibende Risiko	10% mit	10,00
an den Rückversicherer (Vertragspartner) zugunsten des Rückversicherungskontos des Konzerns	90% mit	90,00
der Rückversicherer zahlt an den zedierenden Versicherer eine Provision von 5–10%, z. B. 7,5% der zedierten Prämie	./.	6,75
daraus ergibt sich die eingenommene Rückversicherungsprämie für das Konto mit		83,25
der Eigenbehalt des Kontos (zentraler Selbstbehalt) ist mit 1 Million pro Schadenfall (Feuer- und Feuerbetriebsunterbrechungsschaden zusammen) festgelegt;		
es wird Rückversicherungsschutz für das höchste Einzelrisiko im Rahmen der rückversicherten Deckungen	1 000 Mio.	
auf dem Weg der EXCESS OF LOSS Rückversicherung, z. B. 1 000 Mio. nach 1 Mio. pro Schadenfall, zum Preis von 50% der Original-Netto-Prämie (ONP) eingekauft (50% von 90)	./.	45,00
danach verbleiben dem Rückversicherungskonto Prämieneinnahmen für Schäden bis max.	1 Mio.	38,25
noch zu berücksichtigende Kosten des Kontos: Verwaltungskosten		...
evtl. Stop-Loss Versicherung, nur eine zufällige Schadenhäufigkeit in einem Jahr auf eine Höchstsumme zu begrenzen		...
noch zu berücksichtigende Einnahmen des Kontos: Zinsen auf Prämien und Reserven		...
evtl. Rückversicherungsprovisionen		...

Nach der Darstellung der Prämienverteilung auf die beteiligten Risikoträger soll auch eine Schadenregulierung am folgenden Beispiel aufgezeigt werden:
Konzerngesellschaft in Dänemark meldet einen Sturmschaden in Dkr 1 800 000. Die Regulierung erfolgt über den lokalen Versicherer wie folgt:

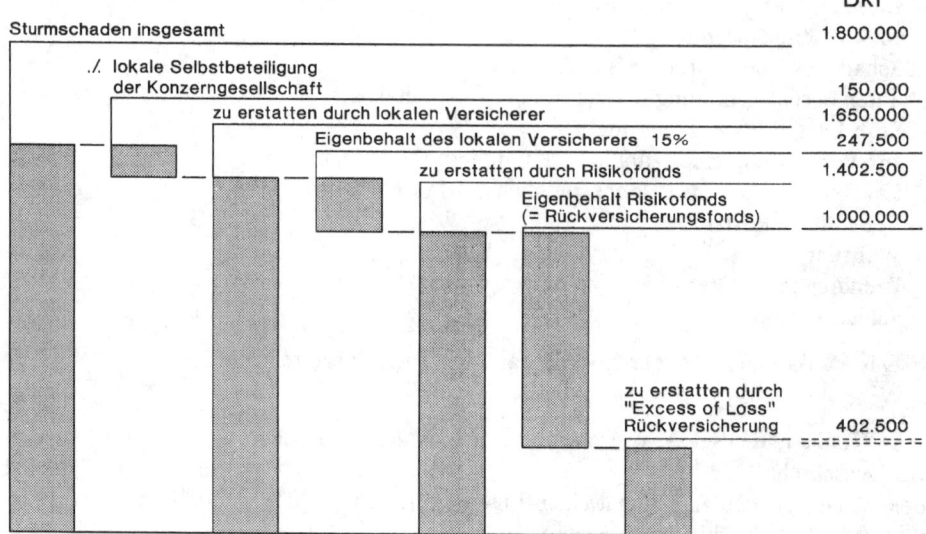

Nachzutragen ist hier, daß der Konzern im Rahmen der ursprünglichen Konzeption eine derartige Selbstversicherungslösung 1981 realisiert hat.

Die Durchführung war deshalb relativ einfach, weil bei der ursprünglichen Vereinbarung mit den Konsortialpartnern die Tür zu dieser Lösung schon offengehalten war.

Es waren keine Änderungen für die lokalen Policen der Konzerngesellschaft erforderlich, lediglich die fakultativen Rückversicherungen werden jetzt nicht mehr mit dem Konsortium sondern mit dem „Konto"-Rückversicherer abgeschlossen.

9.2 Konzerneigene Versicherungsgesellschaft (Captive)

Die positiven Erfahrungen mit der geschilderten Risikofonds-Lösung veranlaßten den Konzern im Jahr 1982, die im Jahr 1978 ins Auge gefaßte Gründung einer konzerneigenen Versicherungsgesellschaft jetzt durchzuführen.

Als Standort wurde Bermuda gewählt, ein Platz, der für derartige Versicherer inzwischen einen eigenen Markt entwickelt hat – es gibt dort mehr als 1 000 unternehmensverbundene Versicherungsgesellschaften.

Das Management der konzerneigenen Versicherungsgesellschaft wurde einem professionellen, international renommierten Rückversicherer übertragen.

Zum 1. Januar 1983 nahm die konzerneigene Versicherungsgesellschaft ihre Geschäftstätigkeit mit der Rückversicherung der Feuer- und Feuerbetriebsunterbrechungsrisiken der verschiedenen Konzerngesellschaften auf. Das System arbeitet entsprechend der

Beschreibung des Risikofonds, wobei anstelle von „Konto" jetzt nur konzerneigene Versicherungsgesellschaft zu setzen ist.

Anhang 9 nennt die ungefähren Kosten für eine derartige Gesellschaft in Bermuda. Die Sicherheit der Versicherungen wird durch sorgfältige Auswahl der Rückversicherer, die zu einem wesentlichen Teil auch Erstversicherer des internationalen Versicherungsprogramms sind, gewährleistet.

Trotz einer Reihe von Schäden hat die Selbstversicherungslösung noch einmal die Risikofinanzierungskosten des Konzerns erheblich reduziert. Eine Ausweitung der Tätigkeit auf andere Versicherungsarten im Konzernbereich ist vorgesehen.

Ein Projekt, das z. Zt. untersucht wird, ist die Arbeiterunfallversicherung (Worker's Compensation) in USA. Hier wird besonders deutlich, welche Vorteile eine konzerneigene Versicherungsgesellschaft hat, und warum man von Risikofinanzierung sprechen kann. In die Untersuchung sind folgende Daten eingegangen:

Versicherungsjahr 1984
Nettoprämie an Captive (nach Abzug von Fronting- und Rückversicherungskosten) US-$ 800 000
Eigenbehalt pro Schadenereignis max. US-$ 100 000
Versicherungstechnische Schadenschätzung
mittlerer Wert p.a. US-$ 680 000
niedrigerer Wert p.a. US-$ 450 000
hoher Wert p.a. US-$ 950 000

Die Auszahlungen der im Versicherungsjahr anfallenden Schäden erfolgt nach allgemeinen Erfahrungen vom 1. bis zum 10. Jahr mit folgenden Beträgen:
26%, 25%, 13%, 9%, 6%, 10%, 4%, 3%, 3%, 2%.
Zinserträge werden angenommen mit p.a. 10%

Für das Versicherungsjahr 1984 können folgende Ergebnisse für die Abwicklung nach 10 Jahren Ende 1993 erwartet werden:

	Ergebnisschätzung US-$		
Prämie (s. o.)	800 000	800 000	800 000
Schadenschätzung (s. o.)	680 000	450 000	950 000
sog. versicherungstechnisches Ergebnis	120 000	350 000	-150 000
Zinserträge	581 000	816 000	305 000
Gesamtergebnis	701 000	1 166 000	155 000

Dieses Beispiel macht besonders anschaulich, welche Bedeutung die Zinserträge bei der Ergebnisermittlung haben und daß die Nichtbeachtung dieses Kalkulationsbestandteiles zu falschen Ergebnissen und möglicherweise auch falschen Entscheidungen führt.

Daneben bietet der Austausch von Rückversicherungen mit anderen konzerneigenen Versicherern – wobei es sich um überdurchschnittlich gut verlaufende, weil kontrollierte Risiken, handelt – im Rahmen eines dafür geschaffenen Marktes (Risk Exchange Association, Bermuda) den Ansatz zu einer profitablen Diversifizierung.

5 Bannister, J. und Bawcutt, P., a. a. O., S. 50.

10. Weitere Aufgaben des Konzern Risk Managers

Es ist zweifellos richtig, daß im Rahmen der „Konzern Risk Management Grundsätze" (s. a. Ziffer 4), eine Vielzahl von Problembereichen erwähnt werden können. Die folgenden beiden sollen aufzeigen, wie Risk Management durch konstruktive Mitarbeit, wertvolle Unterstützung zu Problemlösungen bieten kann.

10.1 Mitwirkung bei Akquisitionen, Firmenzusammenschlüssen, etc.

Akquisitionen oder Firmenzusammenschlüsse in USA haben aufgrund des dort geltenden Rechts sehr weitreichende Konsequenzen für die übernehmende Gesellschaft. Deshalb beziehen sich die folgenden Ausführungen auf Probleme bei Akquisitionen etc. in USA. Dennoch bieten die sich daraus ergebenden Anhaltspunkte eine gute Grundlage für die Risikoerfasssung und die damit verbundenen Problemlösungen auch für ähnliche Geschäftsfälle in anderen Teilen der Welt.

Man muß von folgendem Grundsatz ausgehen:

Bei einem Zusammenschluß der Gesellschaft A mit der Gesellschaft B mit der Zielsetzung, das Geschäft der Gesellschaft B fortzusetzen, übernimmt die Gesellschaft A entsprechend den Rechtstheorien auch die gesamten Haftpflichtrisiken der Gesellschaft B. Das gleiche gilt grundsätzlich auch dann, wenn die Gesellschaft A nur das Anlagevermögen der Gesellschaft B mit gleicher Zielsetzung wie vorher kauft[6].

Eine Akquisition etc. kann die automatische Übernahme von Haftpflichtrisiken bedeuten, die nicht sofort augenscheinlich werden.

Das Risiko ist weder in der Bilanz oder einem anderen Dokument angesprochen, noch muß es dem derzeitigen Management überhaupt bekannt sein.

Es ist leider eine Tatsache, daß sich Unternehmen heute Gefahren ausgesetzt sehen, von denen sie vor einer Generation noch nicht einmal geträumt hätten. Als ein Beispiel soll die Manville Corporation genannt werden, die im Jahre 1982 auf Empfehlung ihrer Berater einen Vergleich angemeldet hat, nicht etwa wegen Überschuldung, sondern weil unabhängige Gutachter ermittelten, daß die Gesellschaft mit 54 000 Schadenersatzklagen von Asbestgeschädigten rechnen muß, deren Gesamtsumme auf 2 Milliarden US-$ geschätzt wurde. Dem gegenüber standen Eigenkapital und Reserven von 1,1, Milliarden US-$[7]. Der Asbestfall soll lediglich als Beispiel für die Vielzahl möglicherweise heute noch unbekannter Risiken gelten.

Es ist deshalb wichtig, daß Risk Management und/oder Versicherungsspezialisten Mitglieder des Akquisitionsteams sind. Sie können durch ihre Erfahrungen dazu beitragen, Problembereiche und Lösungsmöglichkeiten aufzuzeigen, die außerhalb der Erfahrung von Rechtsanwälten und Wirtschaftsprüfern liegen, sofern diese nicht Spezialisten auf diesem Gebiet sind.

---

6 Fegan, Thomas H., „The Risk for Acquiring Corporate Assets without Successor Liabilitiy", in: Defense Research Institute (ed.), For the Defense, Milwaukee 7/1982.
7 Wall Street Journal vom 27. 8. 1982.

Es ist u. a. möglich, die aufgezeigten Haftpflichtrisiken zu quantifizieren. Dies geht dann in die endgültigen Preisverhandlungen ein und reduziert so notwendige Reserven für den Eventualfall.

Weiterhin erfordern erfolgreich abgeschlossene Vertragsverhandlungen die sofortige Integration des Risk Management-, Versicherungs- und Selbstversicherungsprogrammes in die übernehmende Gesellschaft. Dadurch, daß der Konzern-Risk Manager mit allen Informationen auf dem laufenden gehalten wird, kann dies ohne größere Probleme zeitgerecht durchgeführt werden.

10.1.1 Risikobewertung

Die folgende Aufzählung soll als Checkliste und Erläuterung der zu ermittelnden Informationen und Daten dienen:

1. Kopien des Vertrags über die Akquisition
   Dies ist u. a. erforderlich um festzustellen, ob bestehende Spezialreserven (für Versorgungszusage, Haftpflichtrisiken) im richtigen Umfang berücksichtigt sind, ob es bestimmte Vertragsbedingungen gibt, die später zu höheren Kosten führen (unterschiedliche Haftpflichtdeckungsformen vorher und nachher – auf „claims made" oder „occurrence" Basis –).
2. Ausführliche Beschreibung aller offenen Schäden
   Schadendatum, erste Schadenmeldung, bezahlter Betrag und Schadenreserve. Da offene Schäden Schwankungen unterworfen sind, ist ihre Bewertung bei der Festsetzung des Kaufpreises von Bedeutung. Diese Untersuchung soll auch zu einer nachträglichen Anpassung früherer Versicherungsverträge dienen.
3. Eine vollständige Beschreibung aller angewendeten Finanzierungsformen für Risiken und Sozialeinrichtungen.
   Dazu zählen Versicherungspolicen, Selbstversicherungsprogramme, Versicherungsverträge auf Gegenseitigkeit, Captives und andere Techniken. Die Untersuchung beinhaltet die Höhe des Eigenbehaltes, Schadenekzedenten-(Rück-)versicherung auf angemessenen Deckungsumfang, eine vollständige Beschreibung des Verlaufes einschl. der Verletzbarkeit bei steigenden Schäden (z. B. ein Schadenekzedentenversicherer, der nach einer Grunddeckung steht, könnte nicht mehr existieren und damit für den Versicherungsnehmer und den Nachfolger ein zusätzliches Schadenpotential bedeuten.)
   Die Beschreibung soll auch alle Geschäftsverbindungen mit Maklern und Beratern einbeziehen.
4. Alle Informationen aus dem Zusammenwirken mit staatlichen Institutionen (z. B. Environmental Protection Agency, O. S. H. A., etc.). Dies soll auch allen Schriftverkehr über mögliche Beanstandungen einschließen.
5. Eine vollständige Zusammenstellung aller Kataloge für alle Produkte die jemals hergestellt wurden. Ein Produkt, dessen Herstellung schon lange zurückliegt, könnte die Ursache für zukünftige Schäden mit erheblichen wirtschaftlichen Auswirkungen sein.
6. Kopien aller Verträge, durch die Dritte von ihrer Haftung freigestellt werden. Dies ist

notwendig um festzustellen, ob sich diese Vereinbarungen im Rahmen bestehender Versicherungs- und/oder Selbstversicherungsdeckungen bewegen, oder ob sie zusätzlich Gefahren für Vermögensschäden darstellen, die man gewöhnlich nicht erwartet.
7. Wertgutachten für das Anlagevermögen
Dies ist eine wichtige Grundlage für die Akquisition und ein wesentlicher Punkt für die Planung eines angemessenen Versicherungsschutzes.

10.1.2 Integrierung des Risk Management Programmes

Nach dem erfolgreichen Abschluß der Übernahmeverhandlungen sind weitere Informationen erforderlich, um die Integrierung der neuen Einheit in das bestehende Risk Management Programms sicherzustellen.

1. Eine vollständige Beschreibung der Schäden, sowohl bezahlte als auch ausstehende. Diese Informationen sollten soweit zurückreichen, wie Akten vorhanden sind. Dies ist ein wichtiges Hilfsmittel für die Plazierung von Versicherungen und die Entwicklung von Selbstversicherungslösungen, da hierfür Schadenhöhe und Zahlungsreihen wichtig sind.
2. Vollständige Kopien oder wenn möglich Originale aller Haftpflichtversicherungspolicen, die für die Einheit seit ihrer Gründung bestanden.
Bei Schadenersatzklagen, die sich auf Verstöße vor sehr langer Zeit beziehen, können diese Policen Deckungsschutz für Sachverhalte bieten, an die niemand gedacht hat, als sie geschrieben wurden.
3. Eine vollständige Information über alle Vermittler, die bei der Plazierung von Versicherungen mitgewirkt haben, soweit wie möglich zurückreichend. Wenn eine Lücke in den Versicherungsakten besteht, können sie sie möglicherweise ausfüllen. Sollte ein Schaden für eine frühere Periode angemeldet werden, sind derartige Informationen sehr wertvoll.
4. Entsprechende Informationen wie unter 3. für weitere Dienstleistungen in diesem Bereich.
5. Kopien des Sicherheitsprogrammes.
6. Kopien des „Employee Manual" sowie aller Organisationsanweisungen über Anstellung und Entlassung.
7. Alle vorhandenen Inspektionsberichte und Schadenverhütungsempfehlungen.
8. Ausreichende Informationen um festzustellen, ob unübliche Betriebsunterbrechungsrisiken besonders beachtet werden müssen.
9. Kopien aller übrigen Versicherungsscheine.

10.1.3 Zusammenfasssung

Diese kurzen Ausführungen können lediglich die Problematik andeuten, die mit Akquisitionen in USA und auch anderen Ländern verbunden sind. Dennoch ist es möglich, die damit verbundenen Risiken zu ermitteln und zu bewerten. Langfristig betrachtet werden sich gesunde Akquisitionen und Firmenzusammenschlüsse durch gründliche Planung verwirklichen lassen, die unerfreuliche und teure Überraschungen ausschalten.

Die frühe Einbeziehung von „Risk Management", besonders im Hinblick auf die Nachfolger-Haftpflicht-Problematik[8] ist sicherlich ein Beitrag hierzu.

10.2 Computer Risiko

Die zentrale Bedeutung, die die Datenverarbeitung heute in vielen Unternehmen hat, sowie das damit zusammenhängende Schadenpotential, muß den Konzern Risk Manager veranlassen, dieses Problem aufzugreifen.

10.2.1 Risikoanalyse

Eine erste Untersuchung geht u. a. auf die folgenden Punkte ein:

- eigener Computer
- Computer Service Gesellschaft
- Typ und Kapazität
- On Line oder Off-line Anwendung
- Schutz gegen Katastrophenschäden, durch
  Feuer
  Sturm
  Erdbeben
  Terroristen
  Mitarbeitermanipulationen
  Energieausfall
  Geräteausfall
  Hitze

- Maßnahmen gegen Betrug und Unterschlagung mit Hilfe des Computers hinsichtlich
  Organisation
  Normen
  interne Revision
  Zugang zu den Räumen
  Programmdokumentation
  Sicherheit der Datenbank
  Überwachung der Dateien und Programme
  Datenverarbeitung- und Übertragung
  Terminaleingabe
  Programm-Entwicklung
  Programmwartung

---

8 Hermann, Jürgen, „Mergers and Acquisitions", in: Foresight – The International Journal of Insurance and Risk Management, 1/1984, S. 9 ff.
9 National Fire Protection Association, „Fire Protection Handbook", 14th ed., S. 14 f.

10.2.2 Unterbrechungsrisiko

Das Unterbrechungsrisiko für ein Unternehmen durch den Ausfall der Datenverarbeitung ist signifikant.

Eine Studie der „University of Minnesota-Graduate School of Business Administration" schätzte, wie lange Firmen im Bereich Minneapolis-St. Paul den Geschäftsbetrieb fortsetzen können, wenn die Datenverarbeitungsanlage ausfällt. Die Studie ergab folgende Zeiten:

Versicherungsgesellschaften	5,6 Tage
Handelsgesellschaften	3,3 Tage
Produktionsgesellschaften	4,9 Tage
Finanzgesellschaften	2,0 Tage[10]

Wichtig ist auch die durchschnittliche Zeit, in der einzelne Firmenfunktionen, wie Produktion, Vertrieb und Finanzen, nach dem Ausfall der Datenverarbeitung weiterarbeiten können.

10.2.3 Eventualfall-Planung

Je nach Ergebnis der Risikoanalyse soll dann ein Plan für den Notfall erarbeitet werden, der selbstverständlich von Zeit zu Zeit auf den neuesten Stand gebracht werden muß.

10.2.4 Versicherungsschutz

Die Risikoanalyse und eine Eventualfallplanung bieten schließlich eine gute Grundlage, den Versicherungsschutz für die Datenverarbeitung zu konzipieren, z. B.

1. All Risk Deckung für Sachschäden
2. Betriebsunterbrechungsversicherung oder nur Extra-Kosten-Deckung
3. Vertrauenschadenversicherung Limit richtet sich nach möglichen Höchstschäden

11. Schlußbemerkungen

Die hier geschilderte Funktion „Konzern-Risk-Management" basiert auf einem von der Konzernleitung für sinnvoll gehaltenen Konzept (siehe Ziffer 2.3), das Schritt für Schritt verwirklicht wurde, wobei es selbstverständlich ist, daß langfristige Planungen immer wieder den sich ändernden Gegebenheiten angepaßt werden müssen.

Es wurde bewußt auf einen größeren Stab eigener Mitarbeiter verzichtet, weil die Überzeugung vorherrscht, daß für besondere Dienstleistungen nur die besten Speziali-

---

10 Insurance Review 3/4 1984.

sten in den verschiedenen Ländern (z. B. Berater, Versicherer, Makler) auf Honorarbasis herangezogen werden sollen.

Die direkten Kosten für diese Funktion sind gering (s. a. Ziffer 3), die Anforderungen hinsichtlich Einsatzbereitschaft an das Team (in diesem Fall Konzern-Risk-Manager und zwei Assistentinnen) überdurchschnittlich, z. B. hat der Konzern-Risk Manager ca. 80–100 Reisetage pro Jahr im Ausland.

Die Vorteile des Konzepts Risk Management können wie folgt zusammengefaßt werden:

- es besteht heute ein klares und umfassendes Bild über die Risiken des Konzerns
- alle Maßnahmen zur Risikoverbesserung (Schadenverhütung) und ggfs. Risikoeliminierung (gefährliche Produkte) werden zentral koordiniert
- die Risikofinanzierung und der Risikotransfer (Versicherung und/oder Rückversicherung) werden auf die Bedürfnisse und die Finanzkraft des Konzerns zugeschnitten und bieten deshalb deutliche wirtschaftliche Vorteile gegenüber dem konventionellen Versicherungskonzept
- die Bedingungen des Risikotransfers (Versicherungsprogramm) basieren auf internationalen Usancen und sind deshalb umfassender, als dies national meistens möglich wäre.

Die moderne Unternehmensführung ist heute in der Lage, durch Planung, Kontrolle und den Einsatz von Spezialisten besser mit den komplexen Problemen, denen das Unternehmen ausgesetzt ist, fertig zu werden, als dies etwa noch vor einigen Jahren oder Jahrzehnten möglich oder nötig war. Risk Management als eine Teilfunktion der Unternehmensleitung kann hierzu einen nicht unbedeutenden Beitrag leisten.

Anhang 1: Organisationsstruktur

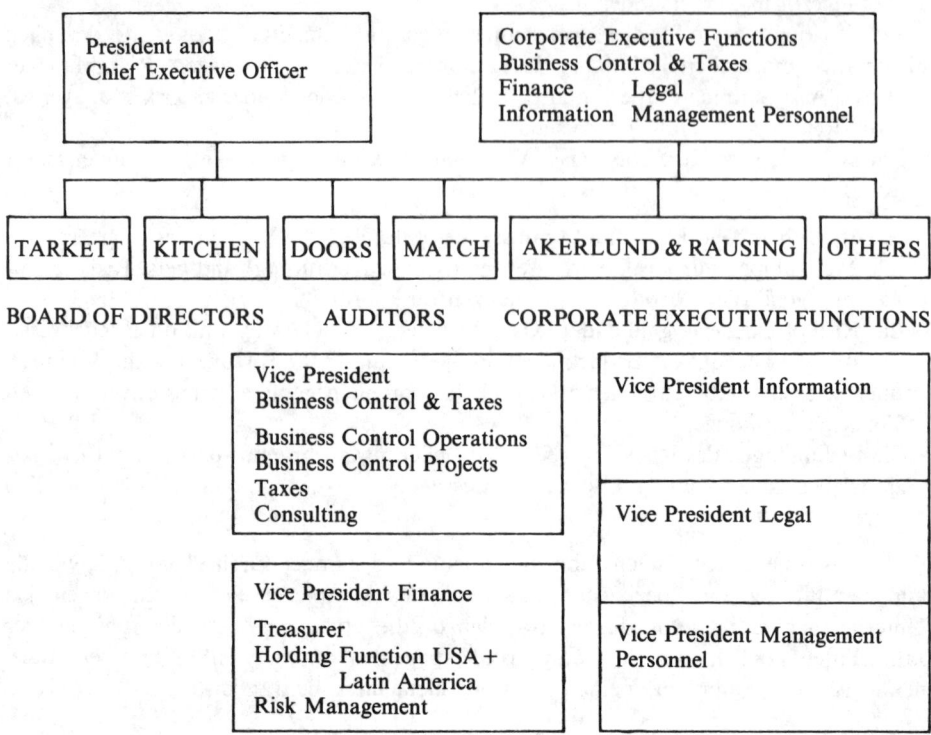

(Einzelheiten siehe ANNUAL REPORT 1984 SWEDISH MATCH AB)

Anhang 2: Swedish Match Risk Management Policy

Pertaining to: Table of Contents	
Section	Title
1	General Statement of Policy
2	Swedish Match Risk Policy Statement
	Risk Management
	Definition, Classification of Risks
	Risk Management Process
3	Swedish Match Master Insurance Plan
4	Master Policy Fire and Business Interruption Insurance
5	Master Policy Machinery Breakdown and Consequential Loss Insurance
6	Master Policy General and Products Liability Insurance
7	Global Directors and Officers Liability Insurance

8	Global Fidelity Insurance
9	Global Life and Pension Insurance Agreements
10	Transport/Marine Insurance
11	Personal Accident Insurance
12	Loss Reports
13	Loss Statistic – Fire and Business Interruption
14	Loss Prevention/Property conservation organization/Contingency Planning
15	Acquisitions

Anhang 3: Swedish Match Risk Management Course

1. 29 and 30 May 1980 – Sweden
2. 3 and 4 June 1980 – Frankfurt, Germany

Day 1

08.30	Introduction What is risk management? – Definition – Techniques – Swedish Match Policy statement	Consultant
09.30	Risk Evaluation – Identification – Measurement	Consultant
10.15	*Break*	
10.30	Risk Control – Property – Earnings – Liability	Corporate Risk Manager
11.30	Risk Financing – Cost of risk – Financing methods – Self-insured – Insurance – Other methods	Consultant
12.45	*Lunch*	
14.00	Swedish Match Programme – Position at January 1980 – Loss statistics – Risk improvement programme	Corporate Risk Manager

15.00	*Break*	
15.15	Case study – Risk financing	
16.30	Case study presentations	
17.15	Summary	Corporate Risk Manager

Day 2

08.30	Fire Risk Management – Nature and Theory of Fire – Special Hazards and Control – Protection Methods – Risk Evaluation – Risk Control	Corporate Manager
10.15	*Break*	
10.30	Business Interruption Risk Management – Property incl. machinery breakdown – Evaluation – Control – Contingency planning	Consultant
12.00	*Lunch*	
13.15	Liability loss control – Employees – Public – Products liability	Consultant
14.15	Case study – Contingency planning	
15.15	*Break*	
15.30	Case study presentation	
16.15	Summary of course	Corporate Risk Manager
16.30	*Close*	

Anhang 4: Swedish Match
    Risk Management for senior managers

May 27th, 1980

14.00	Introduction by the President	
14.15	What is risk management? – Definition – Techniques-Evaluation, Control, Financing – Swedish Match Policy Statement	Consultant

15.15	Current International Insurance Programme including position at January 1980	Corporate Risk Manager
15.45	Swedish Match loss statistics at December 1979	Corporate Risk Manager
16.00	*Break*	
16.15	Examples of risk improvement programme – Cost of investment in loss control – Effect on insurance cost – Effect on operating result	Corporate Risk Manager and Consultant
17.15	Contingency planning for business interruption	Consultant
17.45	Conclusion	Corporate Risk Manager
18.00	*End*	

Anhang 5: Master Policies

Advantages in Fire and Business Interruption Master Policy

- Extended Coverage now 17 perils insured
  - Fire
    - Lightning
    - Explosion
    - Aircraft
    - Wind and Hail
    - Water Damage (Burst Pipes)
    - Sprinkler Leakage
    - Soot
    - Impact
    - Riot, Strike, Civil Commotion
    - Vandalism and Malicious Mischief
    - Sonic Boom
    - Fire Following Earthquake
    - Molten Material
    - Radioactive Contamination
    - Subsidence and Collapse
    - Public and Military Authority
- Automatic Coverage for New Companies
- Goods in Transit
- Coinsurance Deficiency Clause

local policies covered 4 perils only
- Fire
  - Lightning
  - Explosion
  - Aircraft

February 4, 1983

Anhang 6: Liability Master Policy

Contents:

Declarations
  The Company
  The Insured
  The Business

Coverage
  Primary
  Layer Program
  Period of Insurance
  Premium

Choice of Law
  Insuring Agreement
  The Company will pay . . .
  Additional Payments . . .
  Expenses
  Underlying Coverages

Persons of Entities Insured
  The Insured
  Acquisitions, Mergers
  Cross Liability

Limits of Liability
  The Company's Liability
  Number of Occurences
  Batch Clause

Definitions
  Personal Injury
  Property Damage
  Advertising Injury
  Pure Financial Loss
  Occurence
  Completed Operations Hazard
  Product Hazard
  Insured's Products
  Ultimate Net Loss

Exclusions
  Advertising injury
  Loss of use of tangible property
  Property damage to property owned by the insured
  Property damage to the insured product
  Damages claimed for the withdrawal . . .
  Property damage to leased or rented machines
  Property damage to property upon which operations are being performed
  Workers' compensation . . .
  Environmental damage
  Ocean going boats
  Radioactive material

Conditions
  Primary Policies
  Premium Computation
  Inspections
  Participation in Claims Handling
  Subrogation
  Change of Policy
  Assignment of Interest
  Representation
  Other Insurances
  Appeals
  Notice of Occurences
  Notice of Claims
  Cooperation in Defense
  Merged US-Companies
  Sum Insured Exhausted

Hochheim, den 5. April 1982
JH/wi

Anhang 7: Risikofinanzierungskosten

RISIKOFINANZIERUNGSKOSTEN
Versicherungsprämien ohne Risikoschutz vs. Versicherungsprämien + Schadenverhütungskosten

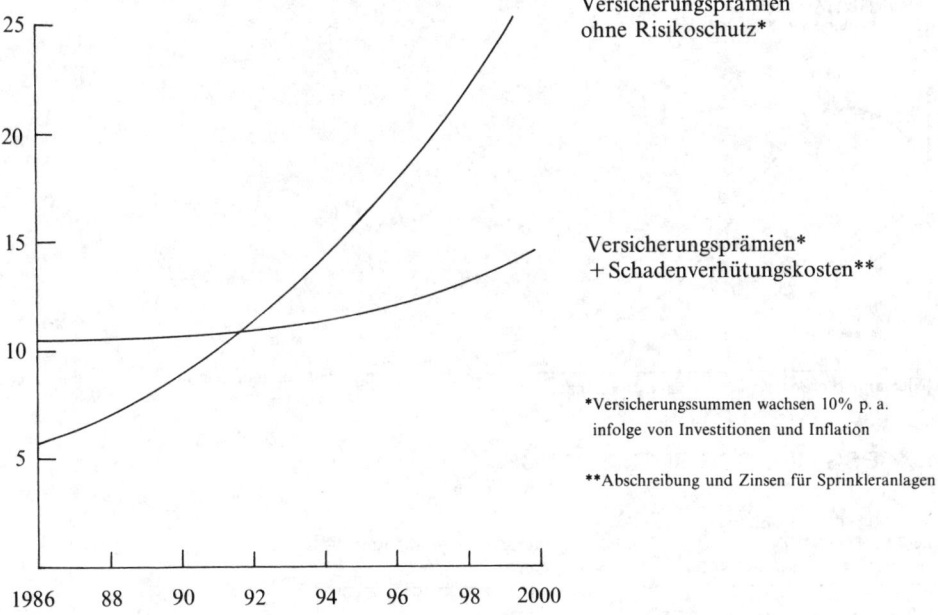

Anhang 8: Häufigkeit/Größenordnung Verteilung von Feuerschäden

HÄUFIGKEIT/GRÖSSENORDNUNG VERTEILUNG VON FEUERSCHÄDEN

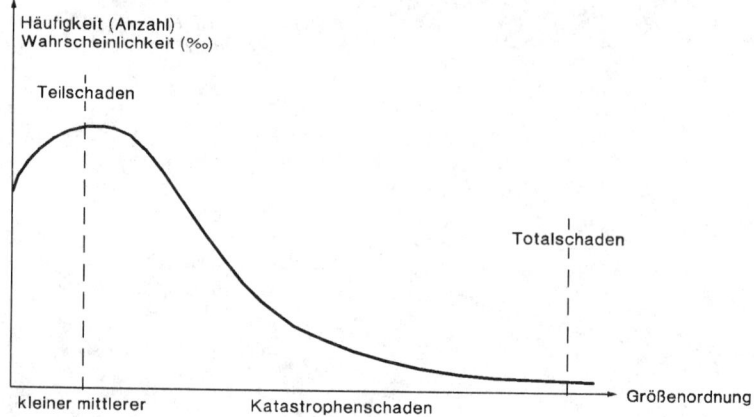

EXCESS OF LOSS REINSURANCE

MAXIMUM INDIVIDUAL RISK : 1200 M
LOCAL RETENTION : 150 M
NECESSARY REINSURANCE : 1050 M

COST OF REINSURANCE in %

Reinsurance Layer	Cost (%)	
250 M EXCESS OF 800 M	4,0	
600 M EXCESS OF 200 M	15,0	=100 =50% OF ORIGINAL NET PREMIUM
100 M EXCESS OF 100 M	12,5	
50 M EXCESS OF 50 M	10,0	
50 M EXCESS OF 1 M	58,5	
CAPTIVE RETENTION 1 M		

Anhang 9: Total Costs for Establishing and Running of a Corporate Insurance Subsidiary in Bermuda

Paid in Share Capital i. e. US-$ 500 000

1982
Bermuda Company Fee
(50% – Incorporation Dec. 16, 1982)   US-$ 1 125

1983
Bermuda Company Fee	US-$	2 250
Bermuda Application Fee	US-$	100
Bermuda Registration Fee	US-$	2 100

Incorporation Costs
  Law-Firm   US-$ 2 780
  Share certificates etc.   US-$ 1 584   US-$ 4 364

Secretarial Fees	US-$	1 600
Local Directors	US-$	450
Management	ca. US-$	50 000
Auditors	ca. US-$	7 500
		68 364

1984 (Projection)
Bermudy Company Fee	ca. US-$	2 250
Secretarial Fees	US-$	1 500
Local Directors	US-$	450
Management	ca. US-$	50 000
Auditors	ca. Us-$	8 000
		62 200

Risk Management und Versicherungsmakler

Von Franz E. v. Gaertner, Hamburg

Inhaltsübersicht

1. Einleitung – Allgemeine Betrachtung der Risk Management-Funktion
2. Risk Management in der Versicherungswirtschaft aus Sicht der Versicherer
3. Versicherungsmakler in seiner Funktion für die Versicherungswirtschaft und seine spezielle Aufgabenstellung
4. Risk Management als zusätzlicher Bestandteil der Service-Palette eines Versicherungsmaklers
5. Richtlinien für die Ausarbeitung einer Risikostudie durch einen Versicherungsmakler
6. Auswertung einer Risikoanalyse als Grundlage für risikopolitische Entscheidungen

1. Einleitung

Risk Management und die mit diesem Begriff verbundenen Vorstellungen wurden in den letzten Jahrzehnten zu einer Zauberformel. Mit Hilfe dieser Formel schienen Problemlösungen möglich, und zwar für alle betrieblichen Funktionen – ob Produktionsablauf, Logistik, Fragen des Absatzes oder der Finanzierung und Investition – insbesondere aber auch in der Organisation einschließlich der Personalführung.

Die Vorbereitung und die Realisierung von Entscheidungen in den Unternehmen wurde insgesamt als risikobehaftet und damit als besonderer Problembereich verstanden und bei richtiger Ausgestaltung der Risk Management-Funktionen von einem Unternehmen sachgerecht als lösbar betrachtet.

Dies war eine nicht unlogische Konsequenz in dem Bemühen, die in einem Gesamtunternehmen täglich anfallenden Entscheidungsprozesse organisatorisch durchlässiger zu gestalten, damit das unbestreitbar vorhandene Risikoelement zu mindern und den im weitesten Sinne auch vorhandenen spekulativen Charakter, z. B. bei der Entwicklung neuer Produkte oder Märkte, zumindest einem sorgfältigen Planungs-, Entscheidungs- und Kontrollprozeß zu unterziehen.

Eine besondere Bewertung erhielt bei diesen Überlegungen der Versicherungsbereich. Dabei ist unbestritten, daß zumindest im Anfangsstadium dieser Entwicklung die Versicherungswirtschaft sich aus Sicht der Unternehmen retardierend verhielt. Die stürmische technologische Entwicklung wurde sowohl im Deckungs- als auch Schadenbereich, insbesondere auf dem Gebiet der Industrieversicherungen, in den zur Verfügung stehenden Deckungskonzepten nicht ausreichend berücksichtigt.

Die Unternehmen begannen daher, unter dem Gesamtbegriff „Risk Management" nach alternativen Lösungen zu suchen, und zwar sowohl durch die Einführung von Maßnahmen zur Verminderung der Risikosituation als auch zur Verbesserung der Kostengestaltung.

Alle diese Vorstellungen erreichten Ende der 60er Jahre in den USA einen ersten Höhepunkt und fanden relativ schnell auch Eingang in die Überlegungen von europäischen Firmen. Bei amerikanischen Unternehmen stand allerdings unbestritten die Finanzfunktion im Vordergrund, während in Europa eine größere Bereitschaft deutlich wurde, sich stärker in technischen und organisatorischen Überlegungen zur Risikominderung zu engagieren.

Unbestritten hat diese überzogene Bewertung der Risk Management-Funktion insgesamt aber zu einem wesentlich erhöhten und geschärften Risikobewußtsein in den einzelnen Unternehmen geführt, dies mit einer besonderen Auswirkung auf den Versicherungsbereich. Die Bewertung der Risk Management-Aufgaben selbst ist jetzt aber einer sachlicheren Betrachtungsweise gewichen, und es kann heute davon ausgegangen werden, daß in der Regel Risk Management in einer Zentralfunktion zur Lösung spezieller risikopolitischer Probleme eingesetzt wird.

2. Risk Management in der Versicherungswirtschaft

Im Gegensatz zur Betrachtungsweise eines industriellen oder großgewerblichen Betriebes war Risk Management im übertragenen Sinn schon immer Bestandteil der Geschäftspolitik der Versicherer.

Dies gilt insbesondere für den eigentlichen Aufgabenbereich eines Versicherers, nämlich die Zeichnungspolitik. Hier waren die jetzt bekannten Methoden des Risk Managements, nämlich Risikoidentifizierung und -bestimmung, Risikobewertung und -bewältigung, die unerläßliche Grundlage für Aufbau, Verwaltung und Abwicklung eines Portefeuilles für einen sachgerechten arbeitenden Versicherer.

Im übrigen gilt diese Auffassung auch über den versicherungstechnischen Bereich hinaus für die Gesamtaufgabenstellung eines Versicherungsunternehmens – so insbesondere für die Kapitalanlagenseite und Vermögensverwaltung – wenn Risk Management in übertragenem Sinne als organisatorische Hilfsfunktion für die Lösung der einzelnen Entscheidungsprozesse angesehen wird.

Sicher war die Versicherungswirtschaft zunächst überrascht, als die starken Impulse einer neuen Risk Management-Philosophie in der Industrie Eingang fanden und mit der schon oben geschilderten – zunächst überzogenen – Gestaltungsdynamik Wege zur Risikobewältigung beschritten wurden, wo die Effizienz – sehr kritisch gesehen – häufig nicht in Übereinstimmung mit den Fähigkeiten und Kenntnissen für die notwendigen und marktgerechten Anforderungen stand.

Zunächst beschränkten sich versicherungstechnische Neukonstruktionen darauf, durch die Gründung eigener Vermittlungsfirmen Provisionseinnahmen und damit Kostenvergünstigungen zu erzielen. In der Bundesrepublik verharrten die Unternehmen in der Regel in dieser Entwicklungsstufe. In den USA erfolgte nahezu parellel hierzu der direkte Schritt in Form der Gründung von sogenannten „Captive-Gesellschaften", dies in der Überlegung, durch die Übernahme von Risiken Gewinne zu erzielen. Finanztechnische Überlegungen standen im Vordergrund. Deswegen erfolgte die Gründung von Captives fast ausschließlich in den sogenannten „Steueroasen", wie z. B. auf den Bermudas.

Nachdem Mitte der 70er Jahre von den US-Steuerbehörden den amerikanischen Captive-Gesellschaften das Steuerprivileg streitig gemacht wurde mit dem Argument, die Captive-Gesellschaften trügen kein Risiko, sondern enthielten nur Einnahmen der Steuer vor, waren die Captives gezwungen, auch Fremdgeschäft, und zwar insgesamt mehr als das Geschäft der Muttergesellschaft, zu übernehmen.

Damit wurde die grundsätzlich richtige Risk Management-Philosophie der verselbständigten Versicherungsabteilung für das Mutterunternehmen – diese Auffassung gilt fast ausschließlich für die USA – weit über diesen Aufgabenbereich hinaus in eine Funktion des aktiven Rückversicherers verändert. Diese Institutionen verlegten sich im wesentlichen auf das Cash flow-Underwriting, d. h. das Zeichnen von Rückversicherungsgeschäft, bei dem die Kapitalerträge im Vordergrund stehen.

Verständlicherweise geht diese Rechnung nicht mehr auf, wenn sich das technische Ergebnis verschlechtert und – was noch entscheidender ist – Zinserträge zurückgehen. Die Konsequenzen sind bekannt: Der Zusammenbruch der Zeichnungskapazität dieser

Captives auf den Bermudas hat erhebliche Auswirkungen auf den Rückversicherungsmarkt.

Im Gegensatz hierzu steht fest, daß die von den professionellen Direkt- und Rückversicherern konservativ betriebene Geschäftspolitik sich als sachgerechte Lösung erwiesen hat, weil sie unter dem Gesichtspunkt des eingangs geschilderten, auf die Versicherungstechnik begrenzten, Risk Managements erfolgt ist.

Sicher haben gerade in dieser Zeit die Versicherer – internationale und deutsche – nicht aggressiv reagiert, dies im Gegensatz zu international tätigen Versicherungsmaklern, die sich – nicht unerfolgreich – weitgehend in das Management von Captive-Gesellschaften eingeschaltet haben. Dennoch hat sich die abwartende Haltung der Versicherer als richtig erwiesen. Sie werden sich aber auf innovative Vorstellungen, die durch Risk Management-Überlegungen der Unternehmen ausgelöst werden, einstellen müssen. Die technologische Entwicklung und die damit einhergehende enorme Wertkonzentration wird als Voraussetzung für die Versicherbarkeit der vorhandenen Risiken risikopolitische Maßnahmen der Unternehmen erfordern, die aber im Konsens mit den Versicherern durchgeführt werden sollten.

Hierfür gibt es eine Reihe von Beispielen, so in der Kernenergieversicherung – hier allerdings in einem Weltkartell – oder für Offshore Risiken bzw. für die Deckungsbereitschaft insgesamt bei den sogenannten „target risks". So ist in jüngster Vergangenheit ein Abkommen zwischen der NASA und der internationalen Versicherungswirtschaft über die Beteiligung der Versicherer an den Rettungskosten eines verlorengegangenen Satelliten erfolgt. Damit macht die Versicherungswirtschaft deutlich, daß sie durchaus bereit ist, über den heute bekannten Deckungsumfang hinaus neue technische Entwicklungen zu unterstützen und finanziell mit abzusichern.

Diese Darstellung weitgefächerter potentieller Aufgaben der versicherungsgebenden Wirtschaft muß aber für die hier anzustellende begrenzte Betrachtung – Aufgabenstellung eines Versicherungsmaklers im Rahmen des Risk Managements – auch für die Versicherer auf Bereiche von versicherungstechnischer Relevanz zurückgeführt werden, um daraus dann die unterschiedlichen Forderungen an Versicherer und Versicherungsmakler deutlich zu machen.

Für die notwendige Beschränkung der Problemkreise der Versicherer bieten sich eindeutig die von Prof. Helten gemachten Ausführungen zu dem Thema „Risk Management und Versicherung" mit der darin enthaltenen Betrachtung über die Ergebnisse der Studie der Genfer Vereinigung (Versicherungswirtschaft 1977, S. 1211 ff.) an.

Nach Prof. Helten sollte die Problemstellung aus risikotheoretischer, statistischer und betriebswirtschaftlicher Sicht auf folgende drei Problemkreise reduziert werden:

1. Die Analyse von Schadenursachen, insbesondere bei sich wandelnden Technologien und der Einfluß der gesamtwirtschaftlichen Lage auf Schäden und Versicherungsleistungen.
2. Die Schätzung des Schadensverlaufes für neue Risiken und die Kalkulation der Risikoprämie hierfür.
3. Die Wirkung von Franchisen als risikopolitisches Mittel – allgemeiner ausgedrückt die Festlegung des Selbstbehaltes, also auch die Frage nach der Selbstversicherung, JA oder NEIN, d. h. im ökonomischen Kontext gesprochen, das Problem der optimalen Versicherung.

Die vorstehende Definition enthält eine klare sachliche Begrenzung für die Aufgabenstellung der Versicherer im Rahmen des Risk Managements. Damit stellt sich aber für das hier zu behandelnde Thema sofort die Frage: Müssen die vorstehend aufgezeigten Problemkreise in der Risk Management-Beratungsfunktion eines Versicherungsmaklers ausschließlich übernommen werden, oder ist der Anforderungsanspruch weiter zu fassen?

3. Aufgabenstellung eines Versicherungsmaklers

Die Bewertung der Risk Management-Tätigkeit eines Versicherungsmaklers setzt zunächst voraus, daß die grundsätzliche Aufgabenstellung dieses Berufsstandes zu definieren ist und damit die eigentliche Themenstellung vorerst vernachlässigt werden muß.

Bekanntlich gibt es keine eigene rechtliche Definition für den Begriff des „Versicherungsmaklers". Er gilt als Handelsmakler im Sinne des § 93 I HGB. Für den heutigen Berufsstand und die Tätigkeit des Versicherungsmaklers paßt indessen § 93 I HGB nicht mehr. In der Regel ist der Makler nämlich ständig vom Versicherungsnehmer beauftragt – und hier ist die Rechtsgrundlage ein Geschäftsbesorgungsvertrag. Die Rechte und Pflichten richten sich dann im einzelnen nach den im jeweiligen Tatbestand heranzuziehenden Bestimmungen des BGB bzw. HGB.

Insofern erscheint es zeckmäßig, auf die Satzung des Vereins Deutscher Versicherungsmakler zurückzugreifen, wo die Aufgaben eines Versicherungsmaklers definiert sind.

Nach § 3 der Satzung ist der Makler Betreuer und Vertreter seiner Kunden in allen Versicherungsangelegenheiten. Er gestaltet in ihrem Auftrage und nach ihren Bedürfnissen die Versicherungsverträge und vermittelt den Abschluß dieser Verträge im nationalen und internationalen Markt.

Nach der Plazierung der Verträge ist er mit der Verwaltung beauftragt; hierzu gehört insbesondere die Wahrnehmung der Interessen des Versicherungsnehmers im Schadensfall.

Diese, aus Gründen der Satzung bewußt kurz gehaltene Definition bedarf der Ergänzung.

Die Marktgegebenheiten haben insbesondere in den letzten Jahren die Entwicklung des Berufsstandes des Versicherungsmaklers nachhaltig gefördert. In den USA haben die Makler seit langem eine führende Marktposition in der Versicherungsvermittlung. Die Versicherer haben sich hierauf in ihrer Vertriebsform eingestellt. Zur Verdeutlichung der Größenordnung möge die beigefügte Abbildung 1 der 20 führenden Versicherungsmakler in den USA dienen.

Eine ähnliche Dominanz besteht für die Versicherungsmakler in Großbritannien, nicht zuletzt bedingt durch die Organisationsstruktur von Lloyd's, dem immer noch wichtigsten Versicherungsmarkt insbesondere für Großrisiken. Hier ist der Zugang nur über zugelassene Lloyd's Broker möglich.

Abb. 1: Top 20 U.S. brokers: 1983 performance

Company	Ranking 1983	Ranking 1982	Gross revenues (000) 1983	Gross revenues (000) 1982	Gross revenues (000) Change	Employees 1983	Employees 1982	Employees Change	Rev./Employee 1983	Rev./Employee 1982
Marsh & McLennan Cos. Inc.	1	1	$ 959,591	$924,294	3.8%	15,474	15,791	-2.0%	$62,013	$58,533
Alexander & Alexander Services Inc.	2	2	556,200	567,400	-2.0	10,650	10,400	2.4	52,225	54,558 [1]
Frank B. Hall & Co. Inc.	3	3	365,175	372,610	-2.0	7,000	7,000	-	52,168	53,230 [1]
Johnson & Higgins	4	4	336,600 [2]	323,705	4.0	6,100	5,950 [2]	2.6	55,180 [2]	54,404 [2]
Fred S. James & Co. Inc.	5	5	244,900	241,300	1.5	4,616	4,422	4.4	53,055	54,568 [1]
Corroon & Black Corp.	6	6	172,095	172,078	-	2,926	2,915 [1]	1.6	58,101	59,032 [1]
Rollins Burdick Hunter Co.	7	7	122,457	118,078	3.5	2,054	2,070 [1]	-0.8	59,619	57,182 [1]
Bayly, Martin & Fay International Inc.	8	8	79,951	84,818	-5.7	1,398	1,584	-11.7	57,190	53,547
The Crump Cos. Inc.	9	9	55,358	49,296	12.4	1,048	929	12.8	52,877	53,064
Arthur J. Gallagher & Co.	10	10	53,358	48,477	10.1	956	893	7.1	55,814	54,286
Reed Stenhouse U.S.A.	11	- [4]	50,900	42,600	19.6	886	961	-7.8	57,450	44,329
Jardine Insurance Brokers Inc.	12	11	37,903	34,051	11.3	639	625	2.2	59,316	54,482
Emett & Chandler Cos. Inc.	13	12	30,950	29,783 [1]	3.9	518	549 [1]	-5.6	59,749	54,250 [1]
Republic Hogg Robinson Inc.	14	14	27,974	25,192 [1]	11.0	622	597	4.2	44,974	42,198 [1]
Financial Guardian Group Inc.	15	15	21,475	22,317	-3.8	356	376	-5.3	60,323	59,354
Poe & Associates Inc.	16	13	20,677	20,953 [1]	-1.3	465	475 [1]	-2.1	44,467	44,112 [1]
Hilb, Rogal & Hamilton Co.	17	16	18,900	17,600	7.4	355	382	-7.1	53,239	46,073
Robinson-Conner Inc.	18	25	15,000	9,600	56.3	306	210	45.7	49,020	45,714
Lawton-Byrne-Bruner	19	18	14,706	13,532	8.7	262	258	1.6	56,130	52,450
John L. Wortham	20	17	14,341	14,470	-0.9	225	230	-2.2	63,738	62,913
Totals/Averages			3,198,568	3,132,442	2.1	56,892	56,617	-	56,222	55,327

[1] estimated [2] BI estimate. [3] Conversion rate on Dec.31, 1983-$1 Canadian=76 cents (U.S.) [4] Ranked for the first time.

Auch in der Bundesrepublik Deutschland wächst, wie schon oben erwähnt, die Bedeutung des Versicherungsmaklers. Im Verein Deutscher Versicherungsmakler e. V. sind zur Zeit 138 Firmen Mitglied, die einen Bestand an großgewerblichem und industriellem Geschäft von ca. 40% im deutschen Markt verwalten. Diese besondere Kategorie im großen Kreis der Versicherungsvermittler hat sich darauf spezialisiert, die bestmögliche Versorgung der einzelnen Versicherungsnehmer mit Versicherungsschutz zu gewährleisten, losgelöst und jeglicher Bindung an Versicherungsgesellschaften.

Diese Unabhängigkeit ist von entscheidender Bedeutung. Damit ist nämlich die Gewähr gegeben, daß der Versicherungsmakler sich bei der Auswahl des Versicherers alleine den Interessen des Versicherungsnehmers – seines Kunden – verpflichtet fühlt. Diese Verpflichtung beinhaltet die Lieferung der größtmöglichen Qualität von Versicherungsschutz gegen wirtschaftlich vernünftige Prämien, wobei die dauernde Erfüllbarkeit der Versicherungsverträge durch den Versicherer der Qualität des Produktes immanent ist.

Der Versicherungsmakler kann aber seinen Funktionen als Interessenvertreter des Versicherungsnehmers nur dann gerecht werden, wenn er in der Lage ist, bestimmte Dienstleistungen zu erbringen. Hierbei handelt es sich um folgende Aufgabenbereiche:

a) Risikoanalyse und Vertragsgestaltung

Am Anfang der Prüfung des Versicherungsbedarfes seiner Kunden steht die Risikoanalyse. Unter Berücksichtigung der speziellen Probleme und Bedürfnisse prüft der Versicherungsmakler, gegen welche Gefahren vorgesorgt werden muß und ob eine

Versicherung die hierfür angemessene Form ist. Dadurch soll sichergestellt werden, daß nicht zuviel, aber auch nicht zuwenig versichert wird. Der Versicherungsmakler nimmt unmittelbaren Einfluß auf die Ausgestaltung des Versicherungsvertrages und handelt risiko- und marktgerechte Prämien aus.

b) Betreuung und Verwaltung

Der Service des Versicherungsmaklers endet nicht mit der Beurteilung der Risiken und der Plazierung der Versicherungen. Auch danach sorgt der für die nötige Anpassung des Versicherungsschutzes an veränderte Risiko- und Marktverhältnisse. Eine laufende Betreuung entlastet den Kunden weitgehend von der unerläßlichen ständigen Kontrolle des Versicherungsschutzes sowie den zeitraubenden und kostenintensiven Abwicklungs- und Verwaltungsarbeiten.

c) Der Schadensfall

Auch ein Versicherungsmakler kann trotz seiner Beratung im Schadenverhütungsbereich Schäden nicht verhindern. Ist jedoch ein Schaden eingetreten, gehört es zu seinen Aufgaben, den Versicherungsnehmer bei der Regulierung voll zu unterstützen. Er verhandelt mit den Versicherern, sucht Sachverständige aus – kurz: Er wickelt den Schaden bis zur Entschädigung für seinen Kunden ab.

d) In- und Ausland

Versicherungsbedarf und Marktangebot ändern sich ständig – im nationalen wie im internationalen Bereich. Den Anforderungen muß der Versicherungsmakler gewachsen sein. Durch seine Verbindungen zu den internationalen Märkten kann er – bei entsprechendem Bedarf – seinen Kunden auch bei ausländischen Versicherungsproblemen und Risiken helfen.
  Diese heute allgemein gültige Aufgabenstellung beschreibt in ihrer Gesamtheit die verwaltende und betreuende Tätigkeit eines professionellen Versicherungsmaklers.
  Es bleibt aber festzustellen, daß am Beginn der Aktivitäten stets die Überprüfung der bestehenden Versicherungsverträge unter Berücksichtigung der Marktgegebenheiten und die Frage nach dem optimalen Versicherungsschutz steht. Die technisch sorgfältige Aufarbeitung dieser auf den Versicherungsbereich begrenzten Risikoanalyse stellt sich immer stärker als eine der wichtigsten Aufgaben eines professionellen Versicherungsmaklers dar. Sie ist Voraussetzung für eine reibungs- und problemlose Verwaltung und Betreuung eines Versicherungsbestandes – ein Tätigkeitsbereich, der richtigerweise immer noch als Hauptinhalt für die Vermittlungsfunktion eines professionellen Maklers angesehen wird.
  Damit beantwortet sich aber auch die Frage, inwieweit die Tätigkeit eines Versicherungsmaklers als Risk Management-Beratung angesehen werden kann. Unbestritten ist die zu Beginn der Tätigkeit stehende Risikoanalyse ein nicht unwichtiger Teilbereich für

das Risk Management. Da sie sich aber auch den eigentlichen Versicherungsbereich und die darin notwendigerweise liegende Risikobewertung beschränkt, kann sie nur als Teillösung angesehen werden.

Die eigentliche Aufgabe als Risk Manager in Unternehmen mit dem heutigen bekannten hohen Standard zur Prüfung aller Maßnahmen zur Verminderung von Risiken ist mit einer noch so ausgefeilten Risikoanalyse zu bestehenden Versicherungsverträgen nicht erfüllt.

Daraus folgt, daß eine sachgerechte Risk Management-Funktion in die Aufgabenstellung eines Versicherungsmaklers gemäß der heute allgemein gültigen Auffassung nur teilweise einbezogen ist und Risk Management in der hier verstandenen Gesamtkonzeption nur durch eine Ergänzung der eigentlichen Service-Palette des Maklers erfüllt werden kann.

4. Risk Management – keine Ergänzung, sondern zusätzlicher Bestandteil der Servicepalette eines Versicherungsmaklers

In der heutigen schnellebigen Zeit wird die Arbeit eines jeden Unternehmens durch Risikofaktoren (Abbildungen 2 und 3) beeinflußt. Hier sind insbesondere Naturereignisse, technische Gegebenheiten und menschliches Verhalten hervorzuheben. Aus diesen Risikobereichen können sich Einwirkungen auf den Betrieb in unterschiedlichster Art entwickeln. Diese führen dann nicht nur zu Störungen im Betriebsablauf, sondern beeinträchtigen auch häufig im erheblichen Umfang die Position in den interessierenden Märkten.

Das Erkennen und die Lösung all dieser Risikoprobleme obliegt natürlich zunächst dem Management eines Unternehmens, das hierfür die notwenigen organisatorischen Voraussetzungen zu schaffen hat.

In Ergänzung hierzu bietet sich die Mitwirkung als additive Beratung des Versicherungsmaklers in der Risk Management-Funktion an, und zwar ausgehend von dem Teilbereich der Risikoanalyse für den gegebenen Versicherungsbestand. Eine umfassende Risk Management-Beratung erfordert aber eine wesentlich weitere Aufgabenstellung, und diese kann wie folgt beschrieben werden:

1. Am Beginn der Risk Management-Beratung eines Versicherungsmaklers muß zunächst die Prüfung der nach heutigen Marktgegebenheiten als versicherungsfähig anzusehenden Risiken stehen.

Er muß Studien aufgrund von Risikoanalysen erstellen und Vorschläge zur Risikobewältigung mit technischen, organisatorischen oder finanziellen Mitteln machen. Dabei sind auch die Risiken zu erfassen, die aufgrund von Erfahrungswerten quantifizierbar oder qualifizierbar sind, für die aber noch keine Versicherungsmöglichkeiten bestehen.

Abb. 2: Respondent Profile: Industry Groups

Industry - Wide Cost of Risk as a Percent of Revenues in 1980

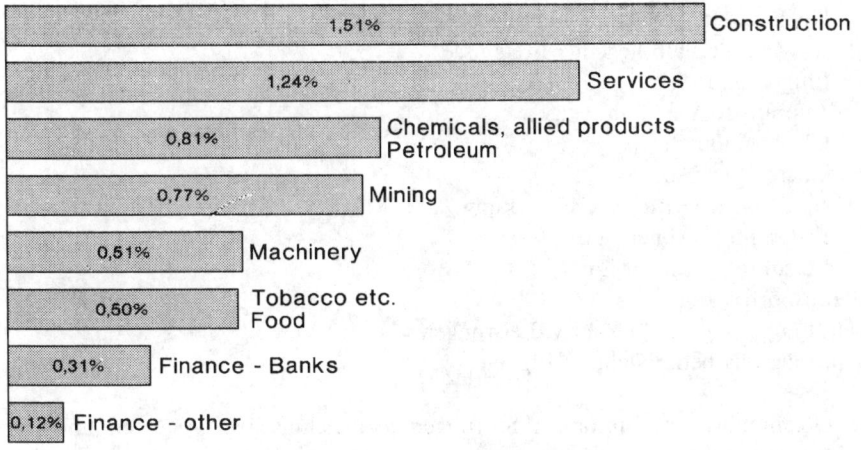

Abb. 3: Cost of Risk	1977 %	1978 %	1979 %	1980 %
Property Premiums	22,1	20,8	20,0	18,3
Unreimbursed Property Losses	7,3	8,0	6,6	7,3
Liability Premiums	43,1	42,7	37,1	34,2
Unreimbursed Liability Losses	12,5	13,1	15,9	15,0
Risk Control	15,7	15,5	20,4	24,9
Outside Services	0,4	0,4	0,6	0,6
Departmental Costs	1,9	1,9	2,1	2,1
Captive Costs *	- 3,0	- 2,4	- 2,7	- 2,4
	100	100	100	100

*) Captive Insurance Companies

2. Folgende Gefahrengruppen mit deren Ursachen bzw. Störungen können dabei untersucht werden:

   2.1 Maschinen- bzw. Anlagenausfall
   – menschliches Versagen
   – technisches Versagen
   – mut- und böswillige Beschädigung
   2.2. Feuer
   – Brand, Hitze, Rauch, korrosive Gase o. ä.
   2.3 Kriminelle Handlungen
   – Diebstahl, Raub, Erpressung
   – Computer-Mißbrauch

2.4 Natur
  - Blitzschlag
  - Sturm, Hagel, Erdbeben
  - Erdsenkungen, Erdrutsch
  - Hochwasser, Überschwemmung
2.5 Sonstige außerhalb liegende Ereignisse
  - Flugzeugabsturz
  - Anprall fremder Fahrzeuge
  - Überschallknall
  - innere Unruhen
2.6 Ereignisse bei Dritten (Rückwirkung)
  - Lieferanten, Abnehmer
  - Versorgung, Entsorgung
2.7 Transportrisiken
2.8 Haftung aus Produkten bzw. Leistungen
2.9 Haftung aus betrieblicher Tätigkeit

Diese Gefahrengruppen umfassen Störungen aus technischen Systemen und der Natur, personenbezogene Störungen und Haftungen des Unternehmens gegenüber Dritten. Es ist Aufgabe des Unternehmens, diese Bereiche zu durchleuchten und jeweils entsprechende Sicherungskonzepte zu erarbeiten.

Manche Unternehmensleitung ist mit dieser Aufgabe neben den sonstigen Tätigkeiten überfordert. Hier bedarf das Unternehmen des Know-hows des Versicherungsmaklers und des Risk Management-Beraters, um die vorhandenen Risiken insbesondere auf ihre wirtschaftlichen Konsequenzen abschätzbar zu machen und bewußt zu entscheiden, was versichert werden muß und wo auf die Versicherungen verzichtet werden kann. Hier ist ein Optimum an Risk Management-Beratung erforderlich.

Es wäre allerdings weltfremd, davon auszugehen, daß eine Maklerfirma im Rahmen ihrer normalen Service-Palette diese Leistungen erbringen kann. Dies gilt im gleichen Umfang für die Versicherer selbst. Dies beginnt mit der notwendigen Personalausstattung und endet bei der nicht unwichtigen Kostenfrage.

Aus diesem Grund ist die Risk Management-Beratung, die aus der Gesamtkonstellation dem Aufgabenbereich eines Versicherungsmaklers durchaus immanent zugerechnet werden muß, nur dann in optimaler und damit für den Auftraggeber akzeptabler Form durchzuführen, wenn im Rahmen einer professionellen Maklerfirma ein besonderes Team hierfür zur Verfügung steht.

Diese Konsequenz ergibt sich auch aus der Kostenfrage. Nach den heute geltenden Marktregeln – in der Einzelausgestaltung durchaus nicht unumstritten – wird die Tätigkeit eines Maklers für den heute geltenden Leistungsumfang mit den üblichen Courtage-Sätzen ausgeglichen. Bekannter Leistungsumfang bedeutet aber ausschließlich die vermittelnde und betreuende Tätigkeit. Nur hierfür stellt die marktübliche Courtage einen Ausgleich dar.

Die vorstehend beschriebenen Aufgaben sind hier nicht erfaßt. Deswegen wird nur der Weg gangbar sein, daß Risk Management in Form einer Beratung durchgeführt und hierfür ein entsprechendes Honorar gezahlt wird.

Diese Aussage sollte aber auch mittlere und kleinere Firmen nicht mutlos machen.

Nicht immer ist die Gesamtpalette der Risikobewertung für Firmen interessant. Häufig werden Ausschnittsrisiken oder gefährdete Teilbereiche zu untersuchen sein. Hier ist eben die Aufgabenstellung und die Entwicklung eines speziellen Risk Management-Konzeptes, gegebenenfalls in Zusammenarbeit mit verschiedenen Firmen aus unterschiedlichen Wirtschaftsbereichen, zweckmäßig. In diesem Zusammenhang sei nur an die Beschäftigung externer Berater, wie z. B. Wirtschaftsprüfer, Anwaltssozietäten etc., erinnert.

Eine umfassende Risikoanalyse in den für die Unternehmen wesentlichen Fragen des Risk Managements wird nur wenigen Maklerfirmen möglich sein.

Ist aber das notwendige Know-how für eine Risk Management-Beratung in der organisatorisch notwendigen Form vorhanden, dann ist es wichtig, daß in detaillierter Zusammenarbeit mit den Verantwortlichen in dem zu beratenden Unternehmen die Konzeption für eine Risikoanalyse erörtert, vorbereitet und durchgeführt wird. Dieser Tätigkeitsbereich wird nachstehend im einzelnen geschildert.

5. Richtlinien für die Ausarbeitung einer Risikostudie durch einen Makler

Die folgenden Stationen bei der Durchführung einer Risikostudie sind nach den praktischen Erfahrungen und für diesen Tätigkeitsbereich die Mindestvoraussetzung:

1. Unerläßlich ist ein Einführungsgespräch mit der Unternehmensführung mit folgender Zielsetzung,
   a) das Risk Management-Konzept zu erläutern,
   b) den Leistungsumfang zu bestimmen,
   c) die Vorgehensweise im einzelnen festzulegen.
2. Als Ergebnis dieses Einführungsgespräches hat der Versicherungsmakler in seiner Eigenschaft als Risk Management-Berater in voller Abstimmung und – dies ist besonders wichtig – dem uneingeschränkten Konsens mit der Unternehmensführung
   a) die Aufgabe konkret zu formulieren,
   b) kritische Grenzbereiche zu definieren,
   c) die Durchführung im einzelnen festzulegen und
   d) die arbeitenden Teams zu bestimmen und insbesondere den ständigen Koordinator bei dem Unternehmen selbst festzulegen.
3. Dem Einführungsgespräch folgt dann die erste Tatbestandsaufnahme in folgender Form:
   a) Besichtigung der einzelnen Betriebsanlagen
   b) Interviews mit den verantwortlichen Mitarbeitern
   c) Festhalten der einzelnen Risiken und Interviewantworten in einem Risikoerhebungsbogen
   Als erstes Ergebnis wird sich hierbei eine Abgrenzung zwischen den normalen Risiken und den wesentlichen risikoempfindlicheren Stellen und Engpässen in den Betrieben etc. ergeben.

4. Unter Berücksichtigung der im Einführungsgespräch festgelegten Konzeption und der zwischenzeitlich erfolgten Bestandsaufnahme erfolgt dann eine Erstbewertung, in der
   a) Schäden unter Berücksichtigung der Schadenerfahrung und der Daten des betrieblichen Rechnungswesens individuell und generell berechnet bzw. geschätzt werden,
   b) Wahrscheinlichkeiten der Ereignisse zu bestimmen sind.

Als Ergebnis dieser Bewertung wird sich zunächst in der Relation zu den festgelegten Grenzwerten ein gewisses Risikoprofil (Abbildung 4) ergeben, und in diesem Zusammenhang erfolgen dann Lösungsansätze.

Abb. 4: Risikoprofil

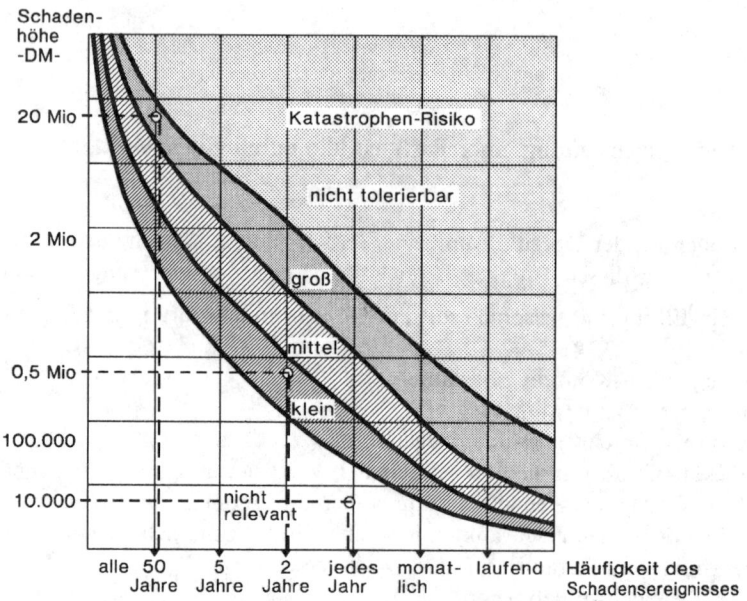

Für das Unternehmen sind individuelle Risikoprofile zu erstellen. Dazu wird jedes wesentliche Risiko in eine Matrix eingetragen. Die Bewertung der Wahrscheinlichkeit eines Ereignisses und des möglichen Schadenumfanges ergibt dabei eine Zuordnung zu den einzelnen Feldern.

Aus Sicht des Unternehmers nicht annehmbare Risiken müssen weitere Maßnahmen auslösen.

5. Nachdem diese Schritte 1–3 abgeschlossen sind, erfolgt als nächstes Stadium die Bewältigung der aufgetretenen Risikofragen, wobei
   a) Lösungsalternativen zu suchen sind und
   b) die Kosten-Nutzen-Analyse zu erfolgen hat.

Als Ergebnis dieser Arbeitsstudie sind die nachstehenden Maßnahmen vorzuschlagen, die entweder einzeln oder auch in kombinierter Form durchgeführt werden können. Dabei handelt es sich um folgende Bereiche:

aa) Risiken vermeiden (z. B. Verbesserung der Produktsicherheit einer bestimmten Produktionskette)

bb) Risiken vermindern (z. B. Einbau von Sicherungsmaßnahmen)

cc) Risiken überwälzen (z. B. Abschluß von speziellen Haftungsvereinbarungen und/oder von Versicherungen)

dd) Risiken selbst tragen (z. B. durch das Bilden von Rückstellungen und Berücksichtigung im Budget)

Dies ist in eine Dokumentation aufzunehmen.

6. In diesem Stadium folgt ein erneuter Erfahrungsaustausch – die Zwischenpräsentation – zwischen dem Risk Management der Firma und dem beratenden Makler. Der Makler hat die Dokumentation zu präsentieren und zu diskutieren mit dem Ergebnis, daß

a) die Risikoschwerpunkte hervorgehoben und

b) entscheidungsrelevante Alternativen in Vorschlag gebracht werden.

7. An diesen Erfahrungsaustausch schließt sich das entscheidende Schlußgespräch an. Hier hat der im Risk Management tätige Makler die Studie zu präsentieren und Vorschläge zur Sicherung sowie Finanzierungskonzepte vorzulegen.

6. Auswertung einer Risikoanalyse als Grundlage für risikopolitische Entscheidungen

Die von dem Versicherungsmakler in seiner Funktion als Risk Management-Berater vorgelegte Risikostudie stellt für die Unternehmensführung die Grundlage für die notwendige Entscheidungsfindung dar. Gemeinsam mit dem beratenden Versicherungsmakler muß jetzt die Unternehmensführung die Umsetzung vornehmen und – was ein besonders wichtiger Bestandteil ist – die ständige Kontrolle gewährleisten. Schlagwortartig sind also die einzelnen Stationen in diesem Endstadium wie folgt zu bestimmen.

a) Entscheidung
b) Umsetzung
c) Kontrolle.

Die einzuleitenden Maßnahmen werden technischer, organisatorischer und/oder finanzwirtschaftlicher Art sein, die gleichberechtigte risikopolitische Instrumente darstellen.

Die technischen und organisatorischen Maßnahmen haben als Ziel die Verringerung der vorhandenen wesentlichen Risiken auf ein erheblich geringeres Risiko, das sogenannte Restrisiko. Im einzelnen werden sich die Maßnahmen nach den gewonnenen Erkenntnissen und unter Berücksichtigung der Betriebseigenarten richten. So können z. B. für vorhandene Engpaßanlagen Störfallpläne erstellt und für die in den Störfallplänen aufgezeigten Maschinen und Anlagen mit Herstellern und Lieferanten feste Liefervereinbarungen getroffen werden. Als eine der bekanntesten Maßnahmen wird in der Regel der vorbeugende Brandschutz verbessert werden müssen und der abwehrende Brandschutz zu optimieren sein.

Die vollständige Durchführung der Risikominderungsmaßnahmen reduziert dann das Risiko auf das theoretische Restrisiko.

Für das verbleibende theoretische Restrisiko muß dann anhand der in der Risikostudie gefundenen Ergebnisse entschieden werden, ob das Unternehmen dieses Restrisiko

– selbst tragen oder
– überwälzen (versichern)

will.

Hier wird die enge Verbindung zwischen Risk Management und Versicherung deutlich. Versicherung ist zwar nur ein gewisser, aber doch wesentlicher Teil der finanzwirtschaftlichen Entscheidungen für den Bereich der Überwälzung des Restrisikos und eindeutig eingebunden in die Gesamtstruktur. Hier wird auch die besondere Verantwortung des in seiner Funktion als Risk Management-Berater tätigen Versicherungsmaklers gefordert. Über seinen eigentlichen Aufgabenbereich hinaus – die Vermittlung und Betreuung von Versicherungsverträgen, hier liegt auch sein wesentliches finanzielles Interesse – hat er objektiv nach dem Ergebnis der vorliegenden Risikostudie die Versicherungslösung nur dann zu empfehlen, wenn sie für die Überwälzung des Restrisikos die einzige und unerläßliche Möglichkeit darstellt. Im übrigen hat er sachgerecht die Unternehmensführung bei der Umsetzung der Folgerungen aus der Risikostudie zu beraten, an der konkreten Durchführung durch Erstellung eines Prioritätenplans nach einer betrieblichen Wertung und der erforderlichen Realisierung in kurz-, mittel- und langfristige Maßnahmen mitzuwirken sowie für die laufende Kontrolle der Veränderungen des Risikoprofils Sorge zu tragen.

Sicher stellt die Übernahme der Risk Manager-Funktion für einen Versicherungsmakler eine Herausforderung dar. Es wird aber bei der schnellen technologischen Entwicklung in der heutigen Welt mit ihren Auswirkungen auf die Versicherungswirtschaft und auch die Vertriebsformen Aufgabe des Versicherungsmaklers sein, dieser Herausforderung optimal zu begegnen.

Fallstudie 45

Effizienzsprung durch systematische Risikopolitik

Von Dr. Werner G. Seifert, Frankfurt

Inhaltsübersicht

1. Ausgangslage: Ertragsverfall verlangt Mehr-Fronten-Ansatz
   1.1 Verlust operativer Effizienz
   1.2 Neues Kostenverständnis
   1.3 Gekoppeltes Vorgehen „von unten" und „von oben"
2. Bisherige risikopolitische Kosten: höher und komplexer als erwartet
   2.1 Unerwartet breiter Einflußbereich
   2.2 Erhebliche Schnittstellenproblematik
3. Risikopolitische Alternativen: Quantensprünge möglich
   3.1 Sieben Ansatzpunkte für die Ideensuche
   3.2 Anspruchsvolle Denkhürden
   3.3 Quantifizierung der Ideen: ein Imperativ des Projekts
4. Entscheidung aus der Gesamtsicht: den Kapitalwert im Auge
   4.1 Allgemein akzeptierter Maßstab
   4.2 Solide Faktenbasis
   4.3 Umsetzung ohne Analyse-Paralyse
5. Auswirkung des Programms: negativer Ergebnistrend umgekehrt
   5.1 Systematische Risikopolitik schafft Kapitalwert
   5.2 Marktwert dürfte wieder anziehen
6. Schlußfolgerungen

Die Möglichkeiten einer systematischen Risikopolitik, verstanden als die Ex-ante-Einbeziehung der Risikokomponente in alle Planungsprozesse und in die Gestaltung aller Elemente des Führungs- und Geschäftssystems, sind in der Wirtschaftspraxis noch lange nicht voll erkannt und ausgeschöpft. Auf dem Entwicklungspfad hin zu einer voll integrierten Risikopolitik agieren die meisten Unternehmen noch im Vorfeld: Sie beschränken sich weitgehend auf die Optimierung ihres Versicherungseinkaufs (Abbildung 1).

*Abb. 1: Potential einer systematischen Risikopolitik noch kaum erschlossen
– Entwicklungsstufen der Risikopolitik –*

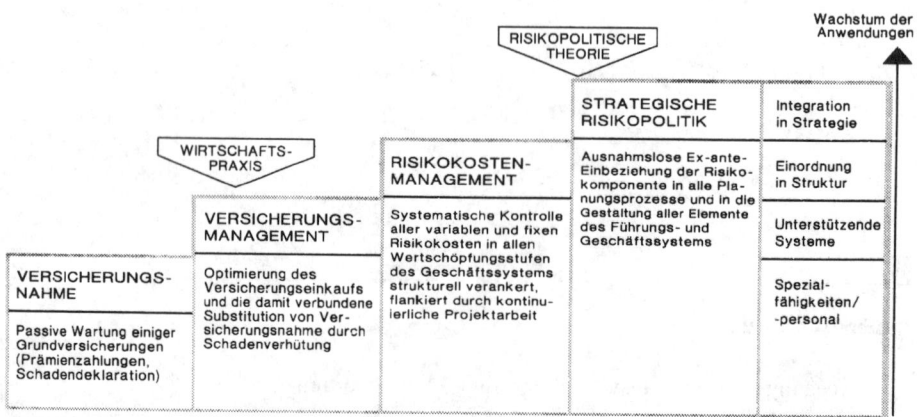

Dabei ist das theoretische Gerüst für eine systematische Risikopolitik vorhanden, und auch die entsprechenden Techniken sind entwickelt worden: Im Gefolge von Bernoulli haben zahlreiche Wissenschaftler sauber begründete Handlungsanweisungen für den Entscheidungsfall bei Risiko abgeleitet und die Konsequenzen für die betriebliche Risikopolitik aufgezeigt; Karten und Müller seien stellvertretend genannt[1]. Von daher ist der Rückstand der Wirtschaftspraxis nicht zu erklären.

---

1 Vgl. in diesem Zusammenhang die reichhaltige Diskussion bei: Bannister, J. E./Bawcult, P. A. (1981), Practical Risk Management, London; Crockford, G. H. (1975), Risk Management: A Technique for Coping with the Effects of Change, in: Reinsurance, S. 623–629; Damary, R. (1976), A Survey of the Practice of Risk Management in West European Companies, in: The Geneva Papers on Risk and Insurance, No. 2, S. 27–55; Doherty, N. (1975), Some Fundamental Theorems of Risk Management, in: J. R. I., Nr. 42, S. 447 ff.; Gallagher, R. B. (1952), Risk Management: New Phase of Cost Control, in: Harvard Business Review, Heft 24, S. 75–98; ders. (1964), Auditing the Corporate Insurance Function, in: AMA, No. 68; Giarini, O. (1976), A Macro-Economic Approach to Risk Management, in: The Geneva Papers on Risk and Insurance, No. 2, S. 5–9; Helten, E. (1977), Risk Management und Versicherung, Mannheimer Vorträge zur Versicherungswissenschaft, Nr. 2, Karlsruhe; Karten, W. (1972b), Zum Problem der Versicherbarkeit und zur Risikopolitik des Versicherungsunternehmens – betriebswirtschaftliche Aspekte, in: ZVersWiss, S. 279 ff.; ders. (1976a), Bewertung in Versicherungsfällen – Aspekte von Versicherungswert und Schaden als Grundlage von Versicherungsentscheidung, in: Festschrift für K. Sieg, hrsg. von H. Baumann, H. Schirmer und R. Schmidt, Karlsruhe; McDonald, J. (1950), Strategy in Poker, Business and War, New York; Müller, W./Seifert, W. G. (1978), Organisation des Risk Management, in: Journal für Betriebswirtschaft; Seifert, W. G. (1978), Haben Sie schon einen Risk Manager?, in: FAZ, Blick durch die Wirtschaft vom

Die Ursache für die geringe Durchdringung der Praxis mit dem Konzept einer systematischen Risikopolitik ist offenbar in einer Reihe ganz anderer Einflüsse zu suchen. Zum einen ist unbekannt, wie sich eine gute oder schlechte Risikopolitik konkret im Ergebnis des Gesamtunternehmens auswirkt, denn vorhandene Kostenrechnungssysteme enthalten nur unzureichende Informationen über die Kosten der Risikopolitik. Zum anderen verhindert oft die organisatorische Ausprägung der risikopolitischen Funktion im Unternehmen die Durchsetzung des Konzeptes: Weder ist dem Unternehmen mit einem reinen Einkäufer von Versicherungen gedient („Schon wieder ein halbes Promille eingespart"), noch nützt ihm eine Stabsstelle, besetzt mit theoretisierenden Jungakademikern, deren tautologische Vorstellungen zu Recht nicht ernst genommen werden. („Jede Entscheidung ist risikobehaftet, folglich ist die gesamte Unternehmensführung Risk Management.")

Hinzu kommt, daß Versicherungsunternehmen und andere externe Berater durch ihr Selbstverständnis und Verhalten die Entwicklung betrieblicher Risikopolitik nicht gerade beschleunigen: Ihre Sorge um Geschäftseinbußen ist groß und zum Teil auch berechtigt – wenn die Geschäftspolitik auf Gedeih und Verderb bestehenden Marktstrukturen verhaftet ist.

Die grundlegende Veränderung der Marktstrukturen wird, wie so oft, von den Nachfragern bewirkt werden. Intensiver Wettbewerb um immer kleiner werdende Margen wird die Unternehmen zwingen, auch in ihrer Risikopolitik ertragsschmälernde Ineffizienzen aufzuspüren und zu beseitigen. Schon heute ist zu beobachten, daß ganze Branchen diese Kosten wirkungsvoller kontrollieren als andere; und auch innerhalb der Branchen lassen sich wieder risikopolitische „Gewinner" und „Verlierer" ausmachen.

Wie groß der Druck auf ein Unternehmen ist, nach den Gemeinkosten nun die nächste Schicht der Effizienzreserven anzugehen, hängt natürlich von vielen Faktoren ab: Besonders hoch ist er dort, wo Märkte stagnieren, Preise verfallen und Produktinnovation keine große Rolle mehr spielt. Von daher ist es interessant zu untersuchen, wie ein risikopolitisch erfolgreiches Unternehmen in einer Commodity-Industrie vorging, das einen Effizienzsprung durch systematische Risikopolitik für möglich hielt und ihn vollzog. Ein Beispiel zur Nachahmung, im folgenden in seinem Hergang beschrieben:

- Analyse der Ausgangslage des Unternehmens
- Beurteilung der bisherigen Risikopolitik
- Ermittlung risikopolitischer Alternativen
- Entscheidung nach dem zentralen Erfolgskriterium
- Erfolgsnachweis im Unternehmensergebnis.

7. 12., S. 3; ders. (1979), Die Industrieversicherer müssen ihr Leistungsangebot verbessern, in: FAZ, Blick durch die Wirtschaft vom 21. und 23. 7.; ders. (1980), Risk Management im Lichte einiger Ansätze der Entscheidungs- und Organisationstheorie, Frankfurt; ders. (1980), Risk Management – Wege aus der Sackgasse, in: FAZ, Blick durch die Wirtschaft im Juli; ders. (1981), Risk Management: Die Zukunft hat noch kaum begonnen, in: Versicherungswirtschaft, No. 11, S. 746–759; Seuss, W. (1978), Risk Management zwischen Bedrohungsbild und Sicherheitskonzept, in: FAZ, Blick durch die Wirtschaft vom 23. 3., S. 4; Snider, W. H. (1964), Risk Management, Homewood, Ill; Williams/Heins (1976), Risk Management and Insurance, New York; Zech, J. (1983), Risk Management als System, in: ZVersWiss, S. 641.

1. Ausgangslage: Ertragsverfall verlangt Mehr-Fronten-Ansatz

Das Unternehmen stellt Konsumgüter der mittleren Preisklasse für den Haushalt her.[2] Mit Sitz in Deutschland und Tochtergesellschaften in allen wichtigen europäischen Märkten setzt es mit rund 6000 Mitarbeitern rund eine Milliarde DM um. Es genießt ein gutes Qualitätsimage, das nicht zuletzt auf einer relativ großen Fertigungstiefe in den fünf Produktionsstätten beruht. Unter den Bedingungen seines weitgehend ausgeschöpften Commodity-Marktes mit real rückläufigen Preisen hat das Unternehmen einen Ertragsverfall hinnehmen müssen. Um diesen Trend umzukehren, beschloß das Management Ende 1982, einmal genauer als je zuvor auszuloten, wo noch Handlungsspielraum für Verbesserungen bestand.

1.1 Verlust operativer Effizienz

In den letzten sieben Jahren hatte das Unternehmen sein Geschäftsvolumen verdoppelt. Es hielt nun in allen Märkten hohe Marktanteile. Allerdings hatte sich im gleichen Zeitraum die Rentabilität mehr als halbiert. Die Börse hatte darauf konsequenterweise mit einem Verfall des Marktwertes reagiert.

Eine Varianzanalyse (Abbildung 2) zeigte die Ursachen des Rentabilitätsverfalls: Positive Ergebnisbeiträge aus einem deutlichen Wachstumsschub wurden durch einen Rückgang der operativen Effizienz überkompensiert.

- Bei gleichbleibender operativer Effizienz hätte sich die Umsatzrendite verdoppelt; Gewinne aus erheblichen Mengeneffekten und Mixverschiebungen auf den Exportmärkten wurden verstärkt durch beträchtliche Preiseffekte auf dem Inlandsmarkt. Das Unternehmen hatte es also nicht nur verstanden, eine bedeutende Mengendegression zu nutzen, sondern hatte gleichzeitig durch Marketinganstrengungen in preislich attraktiveren Marktsegmenten an Boden gewonnen.
- Dem stand auf allen Stufen des Geschäftssystems ein drastischer Einbruch der operativen Effizienz als Konsequenz eines wenig selektiven Wachstums gegenüber: ausufernde Produktvielfalt, Belieferung auch marginaler Kunden sowie unkontrollierte Zunahme der Gemeinkosten – Begleiterscheinungen der Expansion übrigens in fast allen Unternehmen seit der zweiten Ölkrise.

1.2 Neues Kostenverständnis

Auf die mehr als halbierte Umsatzrendite reagierte das Unternehmen mit einem Projekt zur Wiederherstellung der Ertragskraft: In einem unkonventionellen Ansatz sollte in

---

[2] Die Darstellung aller Unternehmensdaten beschränkt sich auf die Informationen, die zum Verständnis der diskutierten Problematik erforderlich sind. Außerdem wurden die Branche und die Proportionen aller Daten verändert.

Abb. 2: Rückgang der operativen Effizienz überkompensiert positive Ergebnisbeiträge aus dem Wachstumsschub

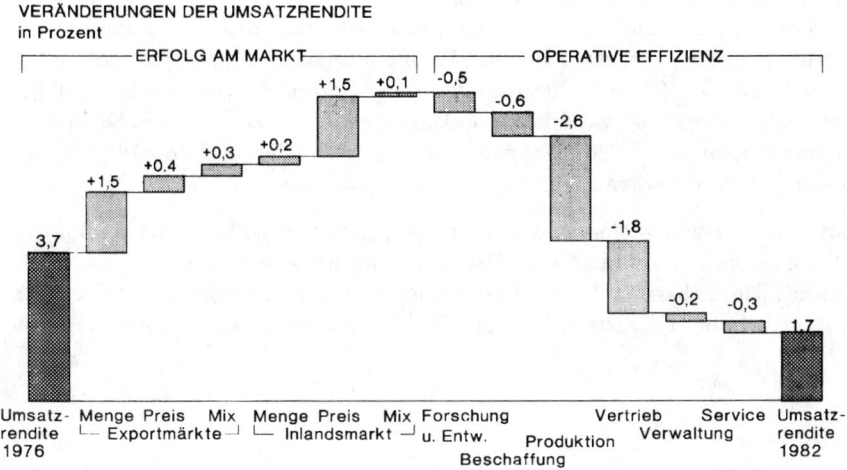

Zusammenarbeit mit einem Berater die Entstehung von Kosten im Unternehmen so transparent gemacht werden, daß Korrekturmaßnahmen wirklich an den Ursachen statt an Symptomen ansetzen konnten.

- Die Gemeinkosten wurden einer Wertanalyse unterzogen, und die durch die Produktvielfalt entstandenen Komplexitätskosten wurden reduziert. Dazu wurde das bestehende System der Kostenrechnung so ausgebaut, daß das Management erstmals die Rentabilität der einzelnen Produkte und Kunden beurteilen konnte und damit eine Bereinigung der Geschäftsstruktur möglich wurde.
- Gleichzeitig wagte man sich auf weiteres Neuland vor: Auch die Kosten der Risikopolitik sollten wertanalytisch transparent werden – damit die bisherige Risikoabdeckung effizienter gestaltet und eventuell bisher unbekannte Risiken aufgedeckt werden könnten. Die Unternehmensleitung war sich darüber klar, daß die neue Risikoanalyse sich nicht auf die Risiken und Risikokosten beziehen konnte, die sich dem Einfluß des Unternehmens entziehen, wie etwa Änderungen der Nachfrage (Absatz, Preise), Preisveränderungen von Rohstoffen, Kapitalmarktzins, Inflationsraten oder Aktionen der Wettbewerber. Vielmehr ging es um die Stellhebel, mit denen offensichtliche risikopolitische Ineffizienzen beseitigt werden können. Daß es derartige Ineffizienzen gab, war aus der aktuellen Unternehmenssituation heraus fast unvermeidlich: Im Gefolge einer raschen Expansion des Geschäftsvolumens wird der notwendige Abgleich zwischen Risiko und Ertrag erfahrungsgemäß immer zu Lasten des Ertrages vorgenommen, wie etwa durch zu üppig dimensionierte Läger, teure Back-up-Systeme oder aber auch einfach zu viel oder zu teuer eingekauften Versicherungsschutz.

1.3 Gekoppeltes Vorgehen „von unten" und „von oben"

Um das spezifische Know-how aller Mitarbeiter „vor Ort" zu nutzen, wurde die Datenerhebung zur Gemeinkosten-Wertanalyse um einen Teilschritt, die Analyse der Kostenbeeinflußbarkeit, ergänzt (selbstverständlich kann die Risikokostenanalyse auch isoliert durchgeführt werden). 18 Teams untersuchten in drei Takten 124 Untersuchungseinheiten. Dabei analysierten sie unter anderem, welcher Anteil der Personal- und Sachkosten für bestimmte Leistungen in den einzelnen Funktionen von der Risikopolitik abhängig ist (Abbildung 3), zum Beispiel:

- Bei der Auswahl von Lieferanten werden 30% der Personalkapazität darauf verwandt, die Bonität sowie Lieferzuverlässigkeit und -qualität zu prüfen
- Die Hälfte aller Sachkosten bei der Festlegung von Prüfungsverfahren für Qualitätskontrolle wird für Testinstrumente und die Entwicklung statistischer Verfahren ausgegeben.

Abb. 3: Bottom-up-Erfassung der Risikokosten – Beispiel

1* KOSTENBEEIN-FLUSSBARKEIT	Team 16	Untersuchte Einheit: Einkauf Org.-Kurzzeichen: E 20 B Leiter: Müller	Datum: 15. 03. 83 Stichtag: 31. 12. 82	Personalstand am Stichtag: 26 Mannjahre Gesamt 24 / Angestellte 24 / Arbeiter	Seite 15 von 20	TAKT 3

Leistungskurz-beschreibung	Faktorenart Leistungsbe-einflußung			Personalkosten					Sachkosten			
	Menge	Sortim.	Risiko	Ist Mann-jahre	Faktoreneinfluß in %				Ist TDM	Faktoreneinfluß in %		
					Menge	Sortim.	Risiko	Fix		Menge	Sortim.	Risiko
Auswahl von Lieferanten	151	216	314	2,80	10	30	30	30	50	5	15	80
Neuverhandlung bestehende Lieferanten-kontakte	151	216	314	4,50	30	10	20	40	20	20	10	70
Festlegung Prüf-verfahren für Qualitätskontrolle	158	226	358	2,60	10	20	40	30	80	10	40	50

In Ergänzung dieses Verfahrens „bottom-up" wurden alle Kostenblöcke auch „top-down" quer über alle Unternehmensfunktionen hinweg, kompatibel zur bestehenden Kostenstellen-/Kostenträgerrechnung, aufgeschlüsselt. So befaßte sich beispielsweise ein Team funktionaler Experten – bestehend aus dem Fertigungsplaner, den Leitern von Vorfertigung, Lackiererei, Emaillierei, Montage und Endkontrolle – mit den durch die Risikopolitik bestimmten Kosten der Herstellung (Abbildung 4). Fast ein Fünftel der gesamten Herstellkosten wurde als Risikokosten identifiziert.

Abb. 4: Top-down-Aufschlüsselung der Kostenblöcke quer über alle Unternehmensfunktionen – Beispiel: Herstellkosten

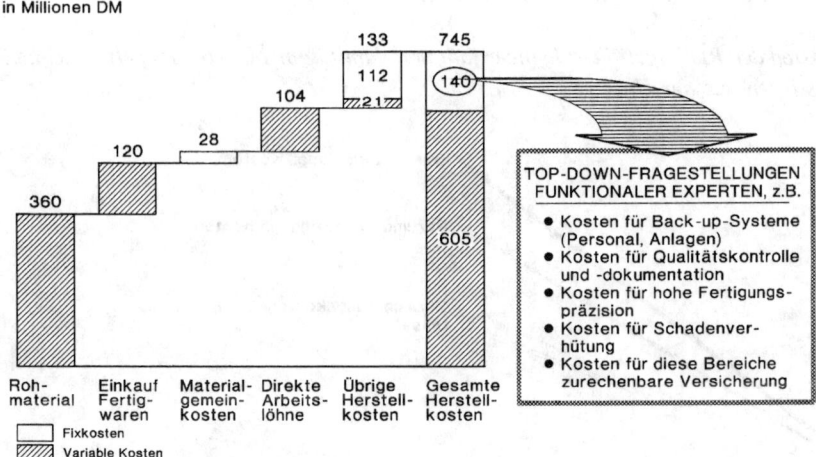

Insgesamt beteiligten sich zwölf Teams aus je fünf bis sechs funktionalen Experten der dritten und vierten Ebene an diesem Versuch, die Kosten der Risikopolitik „von oben nach unten" transparent zu machen, als Beurteilungs- und Entscheidungsgrundlage für das risikopolitische Verhalten in der Zukunft. Das Unterfangen gelang.

2. Bisherige risikopolitische Kosten: höher und komplexer als erwartet

Ein Vergleich der Bottom-up-Erfassung mit der Top-down-Schätzung bestätigte die Zuverlässigkeit der angewandten Methodiken – die Werte stimmten mit nur kleinsten Abweichungen überein. Die Gesamtkosten der Risikopolitik erwiesen sich als unerwartet hoch: Während der für das Versicherungsressort zuständige Controller sie in einem Memorandum an den Vorstand mit 2,5% der Gesamtkosten des Unternehmens beziffert hatte, schätzte der Vorstandsvorsitzende sie in seinen ersten Gesprächen mit den Beratern auf rund 5%. Die Schätzung der Berater in ihrem Projektvorschlag hatte bei 10% gelegen. Somit zeigten sich schließlich alle Projektbeteiligten überrascht, als die Analysen ergaben, daß nicht weniger als 15% der Gesamtkosten des Unternehmens risikopolitische Ursachen hatten.

Des weiteren bestätigte sich – für den erfahrenen Kosten-Controller kein neues Phänomen –, daß Kosten, wenn sie nie explizit erfaßt und damit transparent gemacht werden, unselektiv „wuchern": Während sich der Umsatz verdoppelte, verdreifachten sich die Kosten der Risikopolitik; durchaus vorstellbare Effekte der Mengendegression blieben also aus (Abbildung 5). Lediglich die (eindeutig bezifferbaren) Versicherungskosten wuchsen proportional zum Umsatz – ein weiteres Indiz dafür, daß schon die Transparenz von Kosten deren unselektives Wachstum bremsen kann.

Zwei Ergebnisse überraschten das Projektteam besonders: Der Kosteneinfluß der Risikopolitik war sehr viel verzweigter als bisher angenommen, und zahlreiche Schnittstellen erhöhten die Komplexität der risikopolitischen Aufgabe.

Abb. 5: Kosten der Risikopolitik – da nie erfaßt und damit kontrolliert – doppelt so schnell gestiegen wie der Umsatz

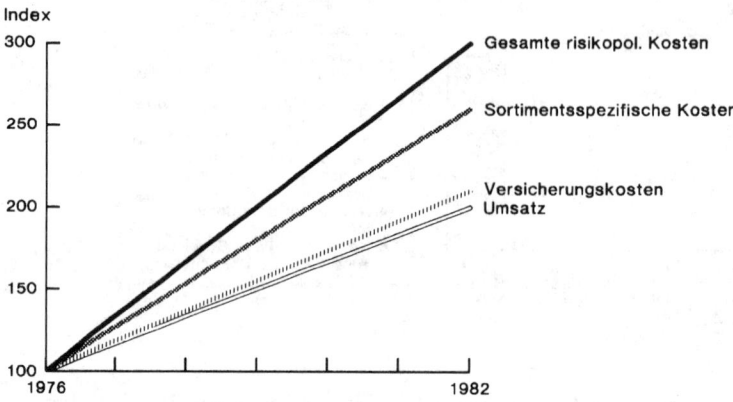

2.1 Unerwartet breiter Einflußbereich

Versicherungskosten und Kosten der Schadenverhütung zur Substitution von Versicherung – zusammen rund sechs Mio. DM im Jahr – wurden schon vor dem Projekt als erhebliche Belastung angesehen; oft wurde sogar mit einem gewissen Unbehagen gefragt, ob denn diese Ausgaben wirklich so hoch sein müßten. Um so überraschter war das Projektteam, als im Endergebnis der Analyse sich dieser Kostenblock nur als „Spitze eines Eisberges" darstellte: Über 90% der gesamten risikopolitischen Kosten waren bisher nicht im Kontext der Risikopolitik gesehen und daher auch nicht entsprechend geplant und kontrolliert worden (Abbildung 6).

Diese Ungleichverteilung wird deutlich, wenn der Gesamtkostenblock auf die einzelnen Wertschöpfungsstufen aufgeteilt wird (Abbildung 7):

- Rund 30% des F&E-Budgets wurden dafür eingesetzt, das Risiko von Produkten und Produktionsprozessen einzugrenzen.
- 5% des Beschaffungswertes von Rohmaterial und halbfertigen Produkten wurden für das Management der Logistikrisiken, also von Terminen, Mengen, Preisen und Qualitäten eingesetzt.
- Einer der beiden Schwerpunkte risikopolitischer Kosten lag in der Produktion: Rund 15% ihrer Kosten wurden für die Bewältigung ihrer immanenten Risiken ausgegeben; sie verursachte somit 27% aller Risikokosten.
- Der zweite Schwerpunkt lag im Vertrieb: Rund 35% seiner Gesamtkosten – ein Drittel der Risikokosten – waren Erlösminderungen und Zahlungsausfälle, kurz, wurden für Risiken in der Kundenselektion ausgegeben.

Abb. 6: Versicherungskosten nur „Spitze des Eisberges"

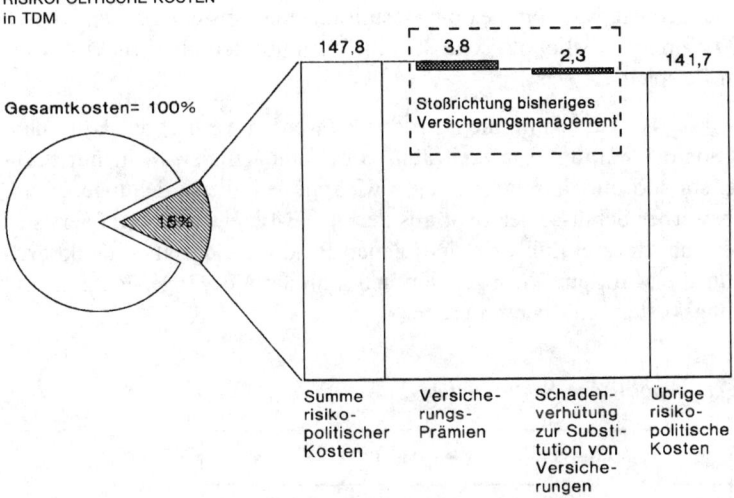

Abb. 7: Konzentration risikopolitischer Kosten in zwei Wertschöpfungsstufen

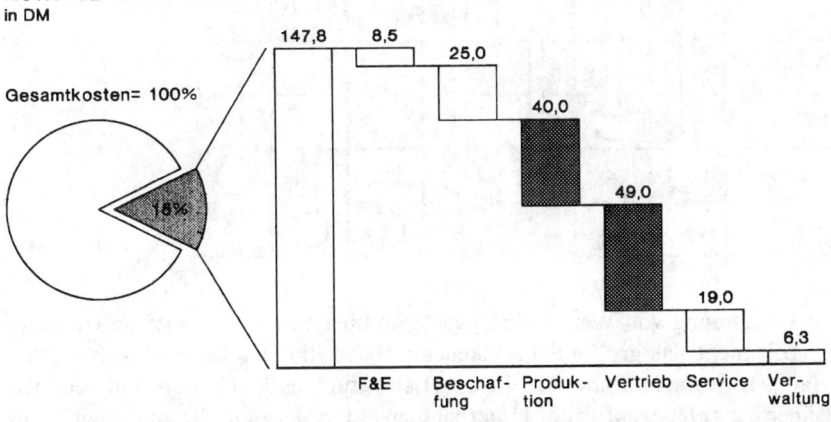

Auch das Verhältnis zwischen variablen und fixen Risikokosten ist aufschlußreich: Auf eine DM fixe Risikokosten fallen 1,34 DM variable Risikokosten an. Da die Gesamtkostenstruktur von einem Zwei-zu-eins-Verhältnis zwischen variablen und fixen Kosten geprägt ist, erstaunt der höhere Anteil der fixen Risikokosten. Um so stärker gilt es daher, zwei Stoßrichtungen in der anschließenden Alternativensammlung zu verfolgen: die heute noch fixen Risikokosten variabilisieren und bei den verbleibenden fixen Risikokosten verstärkt Mengendegressionseffekte erzielen.

2.2 Erhebliche Schnittstellenproblematik

Die Analyse zeigte schließlich, wie komplex die Gestaltung einer systematischen Risikopolitik sein würde: Zahlreiche risikopolitische Schnittstellen mußten überbrückt werden (Abbildung 8), zum Beispiel:

- Geht ein Lieferant in Konkurs, kann nicht produziert werden, verliert das Unternehmen – vielleicht sogar im Hauptabsatzzeitraum vor Weihnachten – nicht nur Kundenmarktanteile, sondern möglicherweise sogar wichtige Händlerbeziehungen.
- Wirbt ein Wettbewerber Schlüsselpersonal aus dem F&E-Bereich ab, verzögert sich unter Umständen die Markteinführung eines neuen Produktes mit allen denkbaren Konsequenzen für die Markteinführung. Eventuell muß das Vorgänger-Produkt mit hohen Beschaffungskosten reaktiviert werden.

Abb. 8: Zahlreiche risikopolitische Schnittstellen

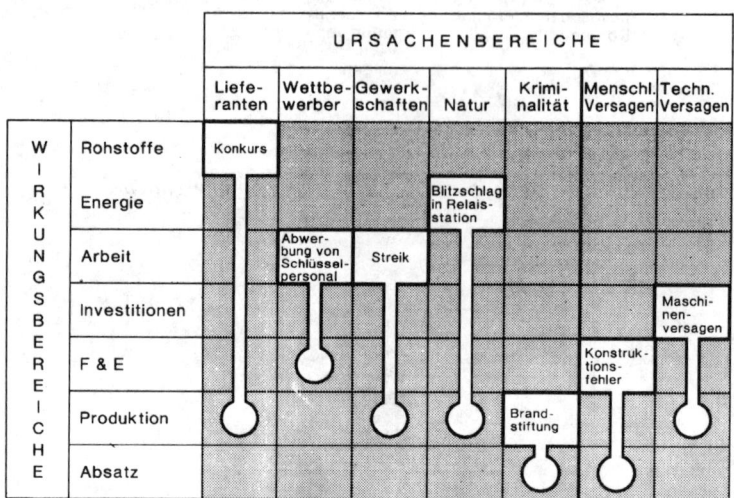

Die enge Verzahnung von Wertschöpfungsstufen über externe wie interne Ursachen stellt aber noch nicht das größte Schnittstellenproblem dar: Dieses zeigt sich erst bei einer sorgfältigen Segmentierung der Geschäftsstruktur aus Produkten und Kunden, verknüpft über die Infrastruktur des Unternehmens (d. h. Kosten, die entstehen, wenn Produkt A an den Kunden B über den Vertriebskanal C verkauft wird). Um im vorliegenden Fall diese Zusammenhänge überschaubar zu machen, wurden die rund 1 000 Kunden des Unternehmens nach Umsatz und Rentabilität unterteilt („20 Kunden machen 50% des Umsatzes, zu einer Umsatzrendite von mehr als 1,5%"), und nach dem gleichen Muster wurden die rund 500 verschiedenen Produkte (Produktfamilien, Typen, Varianten, Farben) klassifiziert (Abbildung 9). Dabei zeigte sich eine enge Verknüpfung von marginalen Teilen der Geschäftsstruktur („Kleinstkunden mit unterdurchschnittlicher Umsatzrendite beziehen Kleinstprodukte") mit disproportional hohen Anteilen risikopolitischer Kosten: Während der Anteil risikopolitischer Kosten an den Gesamtkosten durchschnittlich 15% betrug, lag er bei den 500 kleinsten Kunden bei 27 bis 35%, bei den 250 vom Umsatz her kleinsten Produkten bei 15 bis 35%.

Abb. 9: *Enge Verknüpfung von marginalen Teilen der Geschäftsstruktur mit disproportional hohen Anteilen risikopolitischer Kosten*

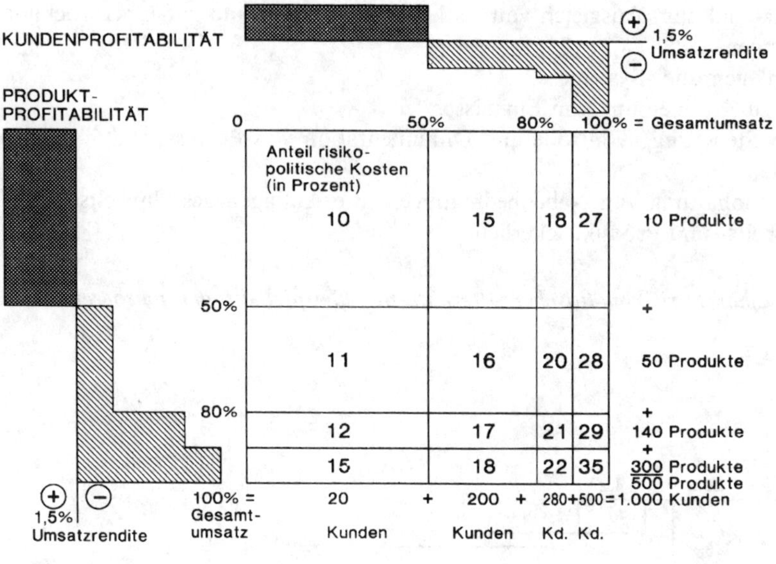

3. Risikopolitische Alternativen: Quantensprünge möglich

Auf Grundlage dieser erstmals vorliegenden Aufschlüsselung aller Kosten der Risikopolitik entwickelten dann acht Teams aus funktionalen Experten des Unternehmens unter Leitung der Berater Alternativen zum bisherigen risikopolitischen Verhalten. Der Auftrag lautete, offensichtliche Ineffizienzen zu beheben, aber auch durch eine kreative Verbesserung einzelner Risiko-/Ertrags-Relationen zur Umkehr des negativen Ergebnistrends beizutragen. Insgesamt wurden 180 Ideen mit einem positiven Kosten/Nutzenverhältnis entwickelt, die schließlich zu 21 Projekten gebündelt und implementiert wurden. Im folgenden sei jedoch nur beispielhaft der Prozeß der Alternativensammlung in der Wertschöpfungsstufe „Produktion" beschrieben – von der Strukturierung der Ansatzpunkte für die Ideensuche über die Vorgabe anspruchsvoller Denkhürden bis zum „Quantifizierungszwang" für jede vorgelegte Idee.

3.1 Sieben Ansatzpunkte für die Ideensuche

Vereinfacht gesagt, muß die Produktion bestimmte Stückzahlen mit einem entsprechenden Materialeinsatz in einer gewissen Durchlaufzeit unter Tolerierung einer festgelegten

Fehlerrate fertigen. Es erschien sinnvoll, die Vielzahl der dabei anfallenden risikopolitisch relevanten Kostenelemente zu sieben Kostenblöcken zu bündeln, um sie für die Ideensuche überschaubar zu machen (Abbildung 10):

- Versicherungskosten
- Schadenverhütungskosten zur Substitution von Versicherungsnahme
- Back-up-Personal zum Ausgleich von zeitlichen Engpässen und zur Überbrückung von Stillständen
- Back-up-Anlagen und -Systeme
- Pufferläger zur Vermeidung von Engpässen
- Systeme zur Steuerung, Kontrolle und Dokumentation von Prozessen (d. h. Qualitätskontrolle)
- Kosten der Einhaltung von Nebenbedingungen, wie Auflagen des Umweltschutzes und der Arbeits- und Produktsicherheit.

Abb. 10: Ansatzpunkte risikopolitischer Alternativen – Beispiel: Produktionsbereich

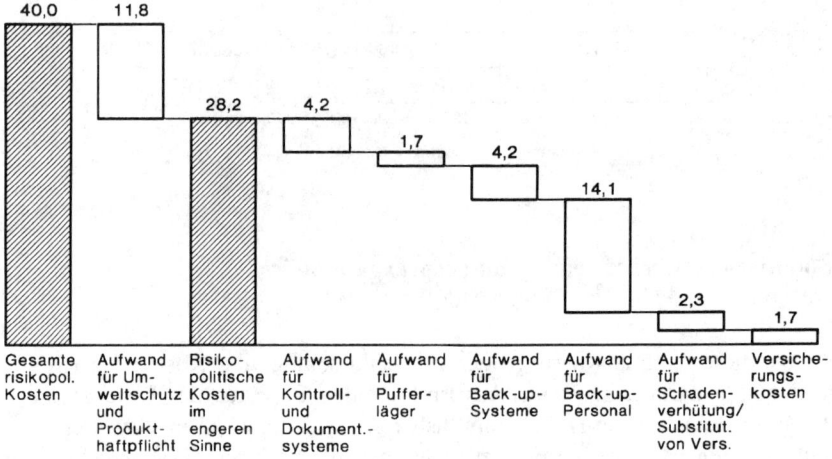

3.2 Anspruchsvolle Denkhürden

Die Teams durften jeden der sieben Kostenblöcke auf drei Entscheidungsebenen mit aufsteigenden Freiheitsgraden in Frage stellen.

- Damit zunächst alle naheliegenden, relativ unaufwendigen Möglichkeiten zur Korrektur risikopolitischer Ineffizienzen ausgeschöpft wurden, waren auf der *operativen Ebene* nur Alternativen zugelassen, die weder das Produkt- und Kundenspektrum noch die vorhandene Infrastruktur (Anlagen, Läger, Abläufe usw.) in Frage stellten. Ebenso waren die Unternehmensstrategie und das darauf ausgerichtete Geschäftssystem in dieser Phase tabu. Diese selbstauferlegte Disziplin sicherte die Optimierung von Versicherungskosten und Kosten für Schadenverhütung.

- Im nächsten Schritt durften die Teams die Geschäftsstruktur in Frage stellen, ohne allerdings Strategie und Geschäftssystem zu verändern. Auf dieser *strukturellen Ebene* konnte über eine Veränderung von Produkt- und Kundenspektrum nachgedacht werden, mit allen Konsequenzen für Anlagen, Systeme und Abläufe sowie das darin gebundene Personal.
- Auf der *strategischen Ebene* wurde auch die letzte Denkhürde für die Teams aufgehoben und Strategie wie auch Geschäftssystem zur gedanklichen Disposition gestellt.

Die Teams schlossen diesen dreistufigen Prozeß der Ideenfindung in sechs Wochen ab. Die 62 Vorschläge, die sie dem Projekt-Koordinationsausschuß zur Beurteilung vorlegten, reichten von verschiedenen Varianten für einen günstigeren Versicherungseinkauf und Einsatz neuer Brandverhütungstechnologien bis zu Maßnahmen wie Entfall der Pufferläger durch Umstellung auf Auftragsfertigung, Reduktion der Fertigungstiefe (Make or buy) und Schließung der damit verbundenen Betriebsteile.

3.3 Quantifizierung der Ideen: ein Imperativ des Projekts

Die Teams mußten jede vorgelegte Idee so quantifizieren, daß die Auswirkungen auf die Ertrags- und Risikolage des Unternehmens durchgerechnet werden konnten. Abbildung 11 zeigt am Beispiel von zehn Verbesserungsideen, welche Angaben gefordert waren:

- Heutiger beeinflußbarer Kostenblock
- Jährliche Einsparung (Personal- und Sachkosten) in der betroffenen Wertschöpfungsstufe des Geschäftssystems
- Mögliche Synergiewirkungen in anderen Wertschöpfungsstufen des Geschäftssystems (z. B. Teile müssen nicht mehr eingekauft, Fertigwaren nicht mehr gelagert werden, wenn Produktion eines bestimmten Produktes eingestellt wird)
- Jährlicher Aufwand (Personal- und Sachkosten) zur Realisierung der Einsparung, im untersuchten Bereich wie auch in Schnittstellenbereichen, zu denen Synergiewirkungen bestehen
- Auswirkungen der Einsparungsidee auf den Umsatz, insbesondere bei Maßnahmen, die auf einer Änderung des Leistungsangebotes (Umfang, Qualität) beruhen
- Nettoeffekt auf das Unternehmensergebnis
- Auswirkung auf die Risikolage des Unternehmens; pragmatisch zusammengefaßt in einer Ergebnissensitivität[3]. (Um welche Größenordnung verändert sich das Ergebnis, wenn sich bestimmte Determinanten um 10% ändern)
- Übergreifende/offene Fragen und kritische Einflußfaktoren, die in besonderen Projekten aufgearbeitet werden sollten.

---

3 In diesem Zusammenhang soll die Diskussion um den theoretisch „richtigen" Risikobegriff *nicht* aufgenommen werden. Vielmehr wird auf die ausführliche Diskussion verwiesen, so etwa bei: Bernoulli, D. (1896), Die Grundlage der modernen Wertlehre: Versuch einer neuen Theorie der Wertbestimmung von Glücksfällen, Leipzig; Bitz, M./Rogusch, M. (1976), Risiko-Nutzen, Geldnutzen und Risikoeinstellung – Zur Diskussion um das Bernoulli-Prinzip, in: ZfB, S. 853–868; Borch, K. H. (1969), Wirtschaftliches Verhalten bei Unsicherheit, Wien/München; Borch, K. H./Mossin, J. (1968), Risk and Uncertainty, New York; Bühlmann, H./Loeffel,

Abb. 11: Quantifizierung der Ideenfindung – Beispiel: Produktionsbereich

		Heutiger Kostenblock (Mio DM)	Größenordnung Einsparung in betreff. Bereich (Mio DM)	Synergiewirkung in anderen Bereichen (Mio DM)	Aufwand zur Realisierung der Einsparung (Mio DM)	Auswirkungen auf Umsatz (Mio DM)	Nettoeffekt auf Ergebnis (Mio DM)	Ergebnissensitivität (Risiko) in %	Offene Fragen/Kritische Einflußfaktoren
	Ist-Zustand	40	/	/	/	/	/	10	
Operative Entscheidungsebene	1. Neuverhandlungen mit bestehenden Versicherern	1,7	0,14	/	/	/	0,14	10	
	2. Wechsel zu Billigversicherer (Reduktion Serviceumfang)	1,7	0,28	/	(0,09)	/	0,19	10	
	3. Konsolidierung aller Verträge bei einem Versicherer	1,7	0,28	/	/	/	0,28	10	
	4. Wechsel zu ausländischem Versicherer	1,7	0,42	/	(0,09)	/	0,33	10	
	5. Stärkere Substitution Vers. durch vorbeugenden Brandschutz (HPR-Markt)	4,0	0,86	/	(0,29)	/	0,57	12	Wirksamkeit schadenverhütende Systeme
Strukturelle Entscheidungsebene	6. Bereinigung Produktpalette	22,3	11,0	10,2	(1,4)	(14,1)	5,7	5	
	7. Bereinigung Kundenstruktur	22,3	8,2	11,3	(1,1)	(28,2)	(9,8)	9	Kundensubstitution
	8. Bereinigung Infrastruktur	22,3	13,8	3,4	(3,4)	(16,9)	(3,1)	3	Stillegungskosten
Strategische Entscheidungsebene	9. Umstellung auf Auftragsfertigung	28,2	3,1	16,9	(13,8)	(0,6)	5,6	15	Akzeptanz Liefervorlaufzeiten
	10. Reduktion Fertigungstiefe (Make or buy)	40	40	19,7	(28,2)	(62)	(30,5)	5	Substitution Qualitätsaufpreis

4. Entscheidung aus der Gesamtsicht: den Kapitalwert im Auge

Der bisher beschriebene dezentral ablaufende Prozeß stellt sicher, daß *alle* Ideen aus den Köpfen der Leute erfaßt werden, die das Problem tatsächlich aus unmittelbarer Nähe kennen. Sein Nachteil ist auf den ersten Blick zweifelsohne die erhebliche Zerschneidung von Interdependenzen, bis hin zur Gefahr kontraproduktiver Effekte.

H./Nievergelt, E. (1975), Einführung in die Praxis und die Theorie der Entscheidung bei Unsicherheit, Berlin/Heidelberg/New York; Engels, W. (1961), Betriebswirtschaftliche Bewertungslehre im Licht der Entscheidungstheorie, Köln/Opladen; ders. (1969), Rentabilität, Reichtum und Risiko, Tübingen; Ferschl, F. (1975), Nutzen- und Entscheidungstheorie, Opladen; Friedman, M./Savage, L. J. (1952), The Expected-Utility Hypothesis and the Measurability of Utility, in: Journal of Political Economy, Vol. 50, S. 463–474; Gäfgen, G. (1974), Theorie der wirtschaftlichen Entscheidungen, Untersuchungen zur Logik und Bedeutung des rationalen Handelns, Tübingen; Jacob, H. (1974), Unsicherheit und Flexibilität. Zur Theorie der Planung bei Unsicherheit, in: ZfB, S. 299ff.; Jacob, H./Leber, W. (1976a), Bernoulli-Prinzip und rationale Entscheidung bei Unsicherheit, in ZfB, S. 177–204; Karten, W. (1972a), Die Unsicherheit des Risikobegriffs, in: Praxis und Theorie der Versicherungsbetriebslehre, Festgabe für H. L. Müller-Lutz, hrsg. von P. Brauss, D. Farny und R. Schmidt, Karlsruhe; Knight, F. H. (1921), Risk, Uncertainty and Profit, Boston/New York; Krelle, W. (1968), Präferenz- und Entscheidungstheorie, Tübingen; Raiffa, H./Schlaifer, R. (1972), Applied Statistical Decision Theory, Cambridge, Mass.; Schneeweiss, H. (1963), Nutzenaxiomatik und Theorie des Messens, in: Statistische Hefte, S. 178–220; ders. (1966), Das Grundmodell der Entscheidungstheorie, in: Statistische Hefte, S. 125ff.; ders. (1967), Entscheidungskriterien bei Risiko, Berlin/Heidelberg, New York; Stegmüller, W. (1973), Entscheidungslogik (rationale Entscheidungstheorie), Berlin/Heidelberg/New York.

Eine Vorkehrung gegen diese Gefahr war der oben skizzierte Zwang, alle Schnittstellen aufzulisten und die Querwirkungen zu quantifizieren. Die entscheidende Absicherung aber lag in der zentralen Bewertung der risikopolitischen Alternativen anhand des Kapitalwertkriteriums. Mit Hife dieses objektiven Maßstabs war es möglich, von einer soliden Faktenbasis aus zügig die Verbesserungen umzusetzen.

4.1 Allgemein akzeptierter Maßstab

Das Kapitalwert-Verfahren ist ein Ansatz zur Darstellung des Erfolgs einer Unternehmensstrategie, der sich letztlich in einem überlegenen finanziellen Mittelfluß niederschlagen muß. Der Kapitalwert des Unternehmens ergibt sich aus der Bestimmung des Gegenwartswertes eines Nettomittelflusses, diskontiert mit den Kosten des Eigenkapitals (Abbildung 12). Daher spiegelt er die Fähigkeit eines Unternehmens wider, für seine Eigner Renditen zu erzielen, die ober- oder unterhalb der Renditen alternativer Anlagemöglichkeiten liegen.

Abb. 12: Zusammenhang Kapitalwert mit „Discounted Cash flow"

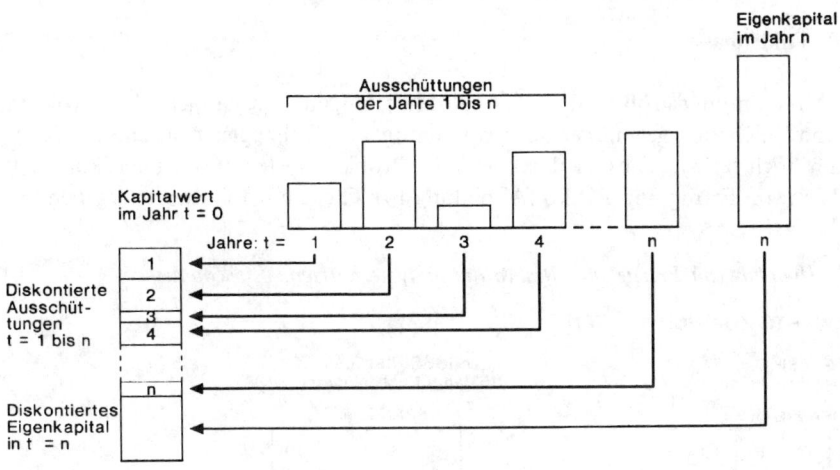

Das Kapitalwert-Verfahren drückt den Gegenwartswert eines Unternehmens durch drei Schlüsselgrößen aus, die es erlauben, die Unternehmensbewertung mit strategischen Überlegungen zu verknüpfen.

- Spanne: Fähigkeit eines Unternehmens, Investitionsrenditen zu erzielen, die über den Kosten des Eigenkapitals liegen
- Wachstum: Möglichkeit, den Ertrag zu positiver Spanne zu reinvestieren, also Indiz für das Volumen der Investitionsalternativen bei gegebener Spanne
- Dauerhaftigkeit: Zeitraum, über den gegebene Spanne/Wachstumsverhältnisse aufrechterhalten werden können, also Indikator für „Risiko" (Abbildung 13).

Abb. 13: „Bottom-up"-Struktur der Kapitalwertbetrachtung (schematisch)

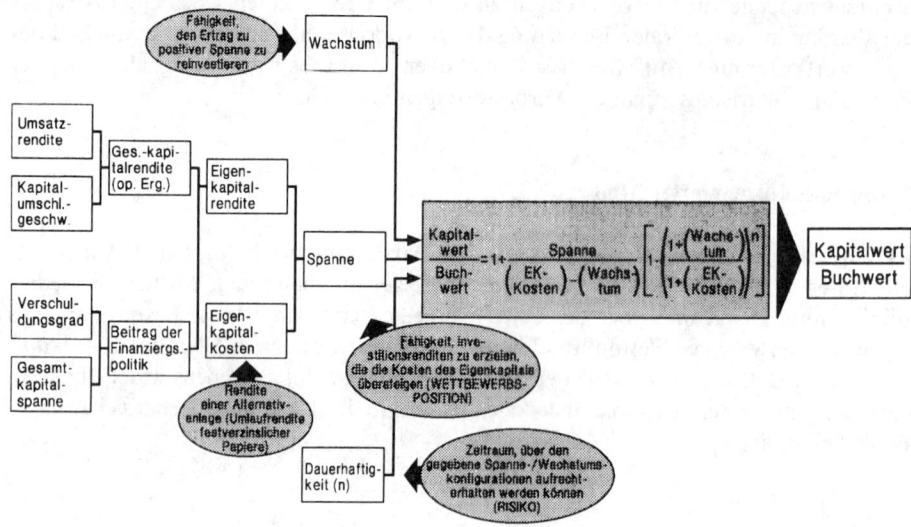

4.2 Solide Faktenbasis

Die drei Bestimmungsgrößen des Kapitalwertes zeigen anschaulich das Problem, Spanne und Wachstum gegenüber der Dauerhaftigkeit so abzugleichen, daß der Kapitalwert am höchsten ist. Dies ist das klassische Problem systematischer Risikopolitik, der Abgleich von Ertrag und Risiko (Abbildung 14): Gleiche Kapitalwerte ergeben sich

Abb. 14: Abgleich von Ertrag und Risiko durch systematische Risikopolitik

KAPITALWERTE ZU BUCHWERTEN

MITTLERES RISIKO
(10 Jahre Nachhaltigkeit)

SPANNE (in %)

	(5)	0	5	10	15
20	0,52	1	1,48	1,97	2,44
10	0,67	1	1,34	1,66	1,99
5	0,72	1	1,27	1,55	1,83
0	0,77	1	1,23	1,48	1,70
(5)	0,80	1	1,20	1,40	1,60

EIGEN-
KAPITAL-
WACHSTUM
(in %)

NIEDRIGES RISIKO
(15 Jahre Nachhaltigkeit)

SPANNE (in %)

	(5)	0	5	10	15
20	0,23	1	1,77	2,54	3,31
10	0,57	1	1,43	1,86	2,29
5	0,67	1	1,33	1,67	2,00
0	0,73	1	1,27	1,53	1,80
(5)	0,78	1	1,22	1,43	1,65

Abgleich zwischen Spanne und Wachstum

Abgleich zwischen Wachstum und Risiko (Nachhaltigkeit)

für Kombinationen von langer Dauerhaftigkeit/niedriger Spanne und kurzer Dauerhaftigkeit/hoher Spanne.

An dieser Latte mußten sich in der Phase der Alternativenbewertung die gesammelten Ideen messen lassen:

- Wegen des erheblichen Einflusses der Dauerhaftigkeit (Risiko) auf die Höhe des Kapitalwertes sollten Maßnahmen, die das Risiko ausweiten, nur umgesetzt werden, wenn ihre positive Wirkung auf die Spanne den Kapitalwertverlust überkompensiert.
- Auf der anderen Seite sollten, um den Ergebnisrückgang nicht noch zu beschleunigen, auch risikovermindernde Programme nicht um jeden Preis umgesetzt werden: Nur wenn der Kapitalwert trotz Schmälerung der Spanne steigt, sollte das Risiko auf Kosten der Spanne reduziert werden.

Im beschriebenen Fall zeigt das Portfolio der erarbeiteten risikopolitischen Alternativen im Bereich der Produktion, normiert am Istzustand, welche Stoßrichtung künftig – unter anderen – die Risikopolitik auf dieser Wertschöpfungsstufe bestimmt: Eine Bereinigung des Produktspektrums setzt in erheblichem Umfang risikopolitische Kosten frei; parallel dazu sollte der Versicherungsbestand neu verhandelt werden (Abbildung 15).

Abb. 15: Portfolio risikopolitischer Programme*

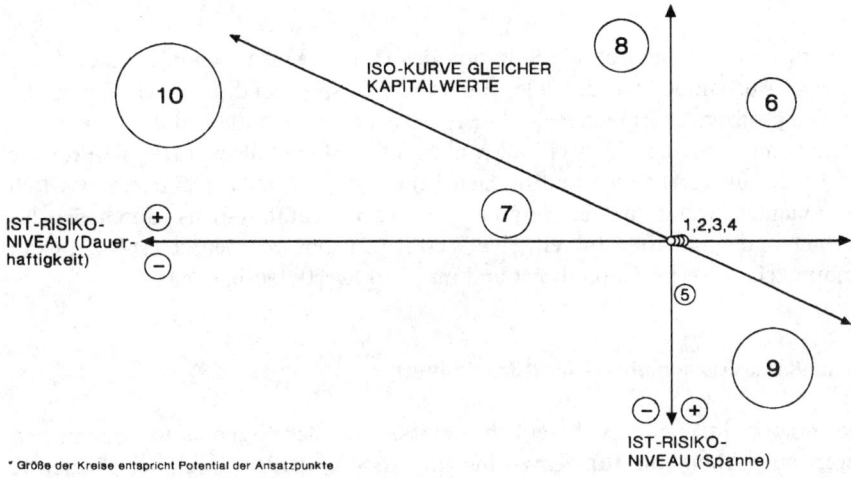

* Größe der Kreise entspricht Potential der Ansatzpunkte

4.3 Umsetzung ohne Analyse-Paralyse

Nach der Prüfung anhand des Kapitalwertkriteriums wurde – der Philosophie des „Do it, try it, fix it" weiter folgend – für alle 21 Projektbündel die Umsetzung eingeleitet. Ein Mitglied des Vorstandes wurde als Implementierungs-Zar eingesetzt; der Erfolg der Programme war Bestandteil seiner persönlichen Zielvereinbarung.

Für alle Schritte der Umsetzung wurden exakt der Zeitbedarf und die erwarteten Ergebnisse festgeschrieben sowie Verantwortlichkeiten und verbindliche Kontrolltermine vorgegeben. Der Projektfortschritt wurde monatlich einem Lenkungsausschuß vorgetragen, dem der Implementierungs-Zar sowie Vertreter der zweiten Ebene und des Beraterteams angehörten.

Darüber hinaus wurden alle übergreifenden und offenen Fragen aus der Projektphase „Alternativensammlung" (vgl. Abbildung 11) zu neuen Teilprojekten gebündelt und mit klarer Problemstellung an die einzelnen funktionalen Bereiche delegiert. So mußte sich beispielsweise der Vertriebsbereich mit folgenden Fragen auseinandersetzen:

- *Sortimentsstraffung:* Kann der Umsatz mit entfallenden Randsortimenten durch schon umsatzstarke Kernprodukte substituiert werden?
- *Auftragsfertigung:* Können bei den nachgelagerten Absatzmittlern längere Liefervorlaufzeiten durchgesetzt werden?
- *Make or buy:* Kann der bisherige Markenqualitäts-Aufpreis auch bei Zukauf und Vertrieb von Handelsware erzielt werden?

Alle diese Projekte wurden in die rollierende Strategieplanung des Gesamtunternehmens integriert.

5. Auswirkung des Programms: negativer Ergebnistrend umgekehrt

Anfang Herbst 1984 stellte sich die Situation des Unternehmens schon deutlich fester dar. Mit zwei Ausnahmen wurden alle 21 Projekte entsprechend dem Zeitplan implementiert. Die projizierten Ergebnisse wurden – vielleicht auch aufgrund der konservativen Einschätzung – erreicht, in zwei Fällen übertroffen. Ebenfalls wurden alle Projekte zur Klärung der übergreifenden und offenen Fragen abgearbeitet. Dabei ergaben sich zum Teil Quantensprünge in der Veränderung des Geschäftssystems, durch die das Unternehmen in den nächsten Jahren seine Wettbewerbsposition deutlich stärken wird. Die Trendumkehr wird im Kapitalwert und im Marktwert ablesbar sein.

5.1 Systematische Risikopolitik schafft Kapitalwert

Die neue Risikopolitik wirkt sich zeitlich gestaffelt auf das Ergebnis und damit den Kapitalwert aus (Abbildung 16): Kurz- und mittelfristig werden durch verschiedenste Maßnahmen Kosten gesenkt (Versicherungskosten, Zinskosten für Läger etc.) und damit die Umsatzrendite erhöht. Ebenso wird das Vermögen besser genutzt (Lagerabbau) und damit der Kapitalumschlag beschleunigt. Als direkte Folge der Projekte steigt damit die Gesamtkapitalrendite als Ausdruck des operativen Ergebnisses.

Systematische Risikopolitik leistet aber mittel- bis langfristig mehr. Durch die primäre Wirkung der Maßnahmen vermindert sich das Risiko, steigt die Nachhaltigkeit der erzielten Spanne/Wachstum-Konfigurationen. Dies beeinflußt nicht nur die Diskontierungsperiode des Kapitalwertes, sondern gleichzeitig auch die Spanne: Das Unternehmen wird für seine Gläubiger „sicherer"; Fremdkapital wird zu günstigeren Zinsen erhältlich. Damit kann teures Eigenkapital durch weniger teures Fremdkapital ersetzt und über einen höheren Verschuldungsgrad der Renditebeitrag der Finanzierungspoli-

Abb. 16: Zeitlich gestaffelte Verbesserung der Spanne durch das risikopolitische Programm (schematisch)

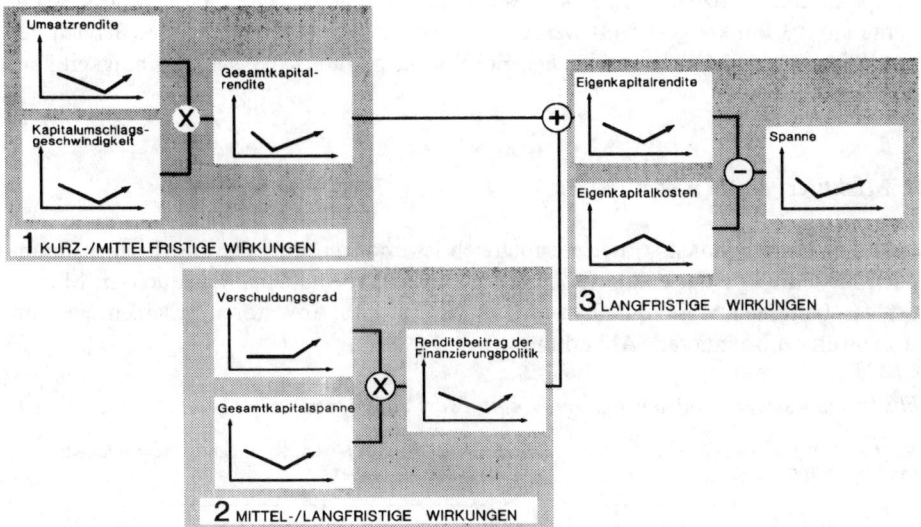

tik erhöht werden. Bei konstanter Gesamtkapitalrendite steigt dann ceteris paribus die Eigenkapitalrentabilität.

Schließlich ist als langfristige Wirkung einer systematischen Risikopolitik nicht ausgeschlossen, daß das Unternehmen für Eigenkapitalgeber attraktiver wird. Damit nimmt der Kapitalwert zu, entweder über das Wachstum des Eigenkapitals oder über rückläufige Eigenkapitalkosten und damit über eine Zunahme der Spanne.

Abb. 17: Wiederherstellung der alten Ertragskraft durch Verbesserung der risikopolitischen Effizienz

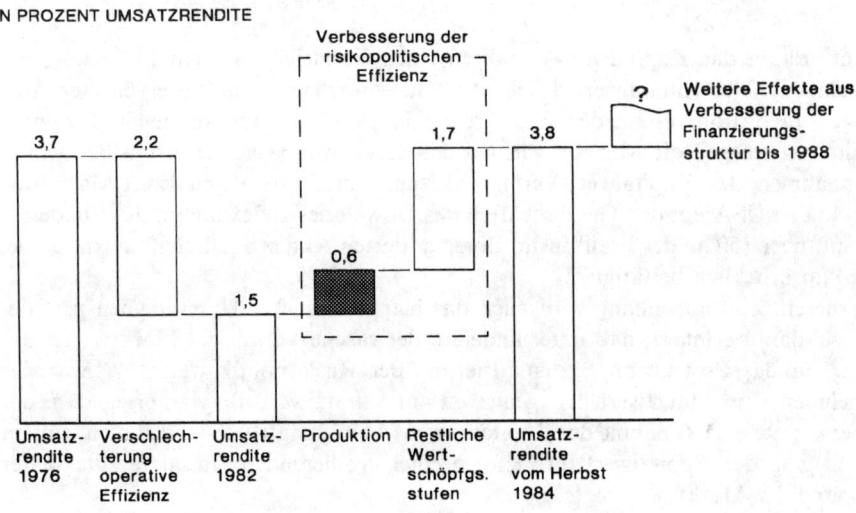

Im vorliegenden Fall können nur die kurzfristigen Wirkungen des Projektes beurteilt werden. Anfang Herbst 1984 war die alte Ertragskraft durch die Verbesserung der risikopolitischen Effizienz wieder hergestellt (Abbildung 17). Die Umsatzrendite allein konnte um 2,3 Punkte gesteigert werden; die vorgestellten Maßnahmen im Bereich der Produktion trugen 0,6 Punkte dazu bei. Erhöhte Kapitalumschlagsgeschwindigkeit kam noch dazu.

5.2 Marktwert dürfte wieder anziehen

Wenn eine Unternehmensstrategie erfolgreich ist und sich in einem überlegenen finanziellen Mittelfluß niederschlägt (hoher Kapitalwert), so muß sich das auch im Marktwert des Unternehmens ausdrücken. Dies ist der Fall; Investoren scheinen sich am Kapitalwert zu orientieren (Abbildung 18).

Abb. 18: Investoren scheinen sich am Kapitalwert zu orientieren

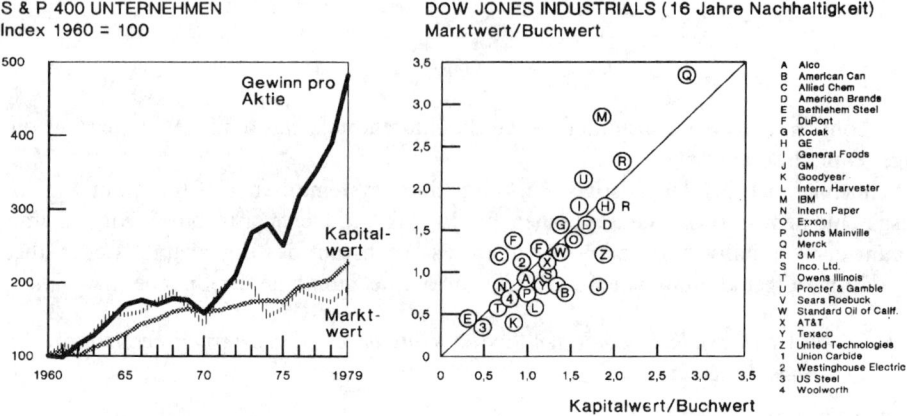

Damit erlaubt das Kapitalwert-Verfahren einen Vergleich mit dem Marktwert des Unternehmens: Der Kapitalwert drückt den Gegenwartswert künftig erwarteter Auszahlungen an Aktionäre und den Endwert der Investitionen aus. In einem effizienten Kapitalmarkt spiegelt die Marktbewertung den Gegenwartswert dieser Größen wider. Die Annahmen des Kapitalwert-Verfahrens zum Verhältnis Kapitalwert/Marktwert wurden in den USA mit den Gesellschaften des Dow-Jones-Index und in der Bundesrepublik mit über 150 an der Frankfurter Börse notierten Aktiengesellschaften (Industrie, Banken) ausdrücklich bestätigt.

Von diesem Zusammenhang wird auch das hier untersuchte Unternehmen profitieren. Es sei daran erinnert, daß unter anderem der rasche Verfall des Marktwertes der Auslöser für das Projekt zur Systematisierung der Risikopolitik war. 1976 war das Unternehmen vom Marktwert her, gemessen am Kapitalwert, überbewertet, d. h. der Markt erwartete eine Zunahme des Kapitalwertes (Abbildung 19). Dies traf nicht ein; im Gegenteil ging der Kapitalwert im Gefolge einer erodierenden Umsatzrendite weiter zurück, und der Marktwert folgte.

Auch 1982 erwartete der Markt vom Unternehmen noch eine Kräftigung des Kapitalwertes; bliebe sie aus, würde der Marktwert rapide auf unter Buchwert fallen. Dies ist nicht eingetreten, und dem Unternehmen dürfte es dank systematischer Risikopolitik gelingen, die Anlegererwartungen auch weiterhin mindestens zu rechtfertigen und damit den heutigen Marktwert zu halten, wenn nicht zu steigern.

Abb. 19: Veränderung des Kapitalwertes wird sich in entsprechendem Marktwert niederschlagen (schematisch)

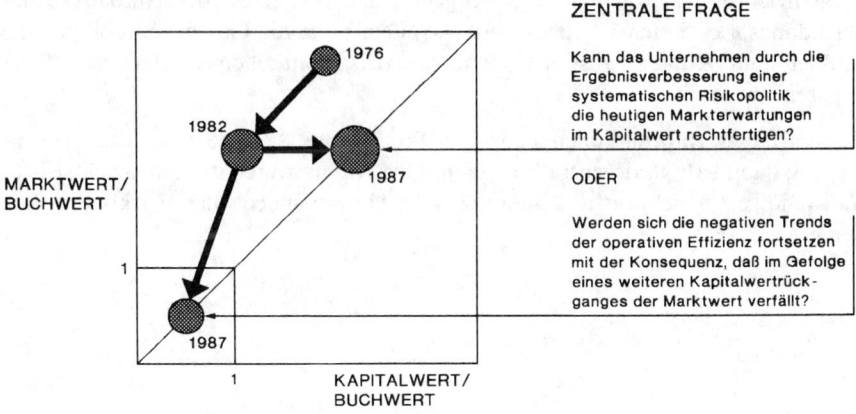

6. Schlußfolgerungen

An dieser Stelle soll die Betrachtung des spezifischen Falles beendet werden. Er sollte hauptsächlich dazu dienen, die Schritte aufzuzeigen, mit denen die Wirtschaftspraxis die nächste Stufe auf dem Entwicklungspfad hin zu einer systematischen Risikopolitik erreichen kann (vgl. Abbildung). Insgesamt läßt sich die beschriebene Erfahrung in drei Schlußfolgerungen zusammenfassen:

1. Auf der Suche nach höherer operativer Effizienz kann eine risikopolitische Sichtweise nützlich sein. Dabei zeigt sich dann, daß Versicherungsprämien nur einen kleinen Anteil der Kosten betrieblicher Risikopolitik ausmachen. Diese haben sich, von der Kostenrechnung nie entscheidungsorientiert aufbereitet, wenig selektiv entwickelt, meist unter einem Primat des Umsatzwachstums. Ineffizienzen in der Risikopolitik sind von daher eng verknüpft mit Randprodukten, Marginalkunden und suboptimaler Infrastruktur.

   Insgesamt hilft eine systematische risikopolitische Betrachtung, die Struktur von rund 15% der Gesamtkosten zu verstehen. Eine ebenso systematisch gestaltete Risikopolitik kann dann Ertragsreserven in der Größenordnung von bis zu einem Fünftel dieser risikopolitischen Kosten mobilisieren.

2. Ertragreiche Risikopolitik kann nicht in Form einer Abteilung im Unternehmen institutionalisiert werden. Vielmehr sollte sie als periodisch ablaufender Prozeß quer

durch alle Unternehmensfunktionen und Entscheidungsebenen verfolgt werden. In diesem Prozeß können substantielle Ideen zur Ertragssteigerung eigentlich nur von innen durch die Mitarbeiter des Unternehmens selbst gewonnen werden.

Dies relativiert den Beitrag von Versicherungsunternehmen und anderen externen Ratgebern erheblich: Ihr Nutzen liegt vor allem darin, Systematiken beizusteuern und zeitlich straff getaktetes Projektmanagement auszuüben.

3. Nur wenn die Auswirkungen einer risikopolitischen Entscheidung unmittelbar mit Höhe und Nachhaltigkeit des Unternehmensergebnisses verknüpft werden, lassen sich Ineffizienzen aufdecken und beseitigen. Dazu bedarf es (des Aufbaus) eines entscheidungsorientierten Kostenrechnungssystems, das die Gesamtrentabilität von Produkten und Kunden ausweist sowie die risikopolitischen Kostenbestandteile transparent macht.

Auf Basis dieser Informationen kann der Prozeß von Analyse und Alternativensammlung dann extrem dezentral ablaufen: Das Kapitalwertkriterium gewährleistet die notwendige Ausrichtung am Gesamtziel des Unternehmens, der Marktwertmaximierung.

Ausblick: Künftige Entwicklung im Risiko-Management*

Von Prof. Dr. Matthias Haller, St. Gallen

Inhaltsübersicht

1. Ein Idealbild: Vom Insurance Management zum strategischen Risiko-Management
2. Konzeptionelle Unterschiede zwischen USA und Europa
3. Konsequenzen für eine künftige Gestaltung der RM-Funktionen

---

* Zugleich 2. Teil des Beitrags „Risiko-Management – Eckpunkte eines integrierten Konzepts", S. 7–43 in diesem Band.

Wenn wir zu Beginn dieses Heftes auf das versicherungsbezogene US-„Risk Management" Bezug nahmen, uns aber gleichzeitig einem Ansatz zuwandten, welcher die *Gesamtunternehmung* ins Zentrum der Risikobetrachtung rückt, so soll nun die Frage aufgeworfen werden, wie sich die bisherige Entwicklung und die Anforderungen aus einer „normalen" Managementbetrachtung in Zukunft begegnen werden. Denn eines steht fest: Wiewohl auf manchen „Risk Management"-Veranstaltungen gerne davon die Rede ist, „Risk Management" sei zu einer reifen Disziplin geworden, so gewiß ist die Tatsache, daß dies bei einer umfassenden Betrachtungsweise kaum der Wirklichkeit entspricht. Als Meßlatte wird zunächst das Idealbild eines strategischen Risiko-Managements gewählt (Abs. 1); daran sollen die derzeitige Realität und einige realistische Entwicklungszüge gespiegelt werden (Abs. 2/3).

1. Ein Idealbild: Vom Insurance Management zum strategischen Risiko-Management

Selbst im „Risk Management" amerikanischer Prägung hat sich schon früh vom Ansatz her eine Diskussion zur Übertragbarkeit des RM-Ansatzes auf weitere Bereiche ergeben. Warum soll man nicht – so die oft gestellte Frage – die Erkenntnisse, wie sie im sog. *„Risk-Management-Process"* fast normativ enthalten sind[1], auf alle denkbaren Management-Entscheidungen übertragen? Ja, warum nicht, würde die einzig logische Antwort heißen, doch in Tat und Wahrheit hat sich das „Risk Management" als Disziplin, als Berufsstand wie als reine Entscheidungswissenschaft eine Reihe von Hindernissen selbst geschaffen, welche heute nur mit Mühe beseitigt werden können. So beklagt sich der Leitartikler der US-Zeitschrift „Risk Management" noch im Mai 1984 vehement darüber, daß „Risk Management" von der Definition her (Beschränkung auf das „reine" Verlustrisiko) allzu sehr eingeengt sei, daß die Zeit nun reif sei für eine „zweite Generation im Risk Management", bei der der CEO (chief executive officer) die Verantwortung für ein „erweitertes Risk Management" zu übernehmen habe; nichts stehe im Wege, auch die „spekulativen" Risken (d. h. Gewinn- und Verlust-Risiken) mit RM-Methoden systematisch anzugehen, die versicherbaren Risiken müßten – endlich – aus dem Zentrum der Betrachtung herausgerückt werden. Wer überprüft, mit welchen Mitteln diese Erweiterung bewerkstelligt werden soll, wird allerdings enttäuscht sein: Mehr als die Übertragung auf den CEO, mehr als eine Erweiterung einiger Grundprinzipien und den mehrfach wiederholten Appell zur Überwindung der „pure-risk-era" hat der Autor nicht anzubieten. Angesichts des hohen Organisationsgrads des US-amerikanischen Risk-Managements und dessen relativ starker Isolierung von den Managemententwicklungen dürfte die künftige Ausweitung auch kaum vom Ursprungsland, sondern eher vom außeramerikanischen Bereich getragen werden.

In diesem Sinne wurden z. B. im deutschsprachigen Bereich schon früh einige Initiativen gestartet. So beschäftigte sich 1977 das Risk and Security Management-Forum (RSM) an der Hochschule St. Gallen mit der Übertragbarkeit des Ansatzes auf unter-

---

1 Vgl. Head, G. L.: The Risk Management Process, New York 1978.

nehmungspolitische und gesellschaftliche Risiken[2]. 1978 behandelte Dietmar Bürgel die Unternehmungsorganisation als umfassende Möglichkeit der Risikobewältigung[3]. Im gleichen Jahr wurden im Deutschen Verein für Versicherungswissenschaft die Implikationen des RM-Ansatzes diskutiert[4], und 1981 beteiligten sich erneut namhafte Unternehmer und Politiker am Kölner Unternehmerforum zur Frage der Umsetzung des praktischen Risk Management[5].

Während sich im Gegensatz zu solchen Tagungen die meisten Monographien zum Thema „Risk Management" um 1980 mehr oder weniger auf das „reine" Risiko und die Bewältigung von unfallbedingten Schäden konzentrierten[6], legte Werner Seifert bereits 1981 zwei kurze Veröffentlichungen vor, welche den traditionellen Rahmen sprengten und u. E. mehr Beachtung verdient hätten[7]. Unter dem Titel „Hat das Risk Management in der Praxis versagt?" sowie „Risk Management: Die Zukunft hat noch kaum begonnen" sparte er nicht mit Kritik an der bisherigen Entwicklung, präsentierte aber gleichzeitig einen stark erweiterten Konzeptansatz, den wir als Ausgangspunkt unserer Zukunftsbetrachtung wählen. Zunächst wirft Seifert dem Risk Management seine *Verengungen und Verkürzungen* vor, die er im wesentlichen wie folgt charakterisiert:

- Beschränkung des Bezugsbereichs auf die reinen Risiken und Vernachlässigung der Chancen (damit ist grundsätzlich das Gleichgewicht der Betrachtung gefährdet);
- Dominanz der Versicherung in fast allen zur Diskussion gestellten Instrumentarien;
- Die Tendenz, die positive Risiko-Ertragskorrelation unbesehen von den Kapitalmärkten auf die unternehmungspolitischen Entscheidungen zu übertragen;
- organisatorische Beschränkung der Risk Management-Funktion auf ausgewählte Funktionen im mittleren Management.

Nach einem Plädoyer für die Übertragung des Risk Management-Prozesses auf das Management aller Unternehmungsrisiken zeichnet er einen *Entwicklungspfad für umfassendes Risiko-Management* (Abb. 1).

---

2 Risk and Security Management-Forum (RSM), St. Gallen 1977 (Forumsdok.).
3 Vgl. Bürgel, H. D.: Risk Management aus der Sicht der Unternehmenspraxis, in: Risk Management – Strategien zur Risikobeherrschung, a. a. O., S. 39 ff.
4 Vgl. Straub, E.: Risk Management. Risk Management in theoretischer Sicht, in: ZVersWiss 1978, S. 77 ff.; Schmidt, G.: Risk Management zwischen Illusion und Realität – Praktische Möglichkeiten und Grenzen, in: ZVersWiss 1978, S. 85 ff.; Hitzig, R.: Risk Management aus der Sicht des Unternehmens, in: ZVersWiss 1978, S. 99 ff.; Rohlfs, C.: Die Schadensverteilung im Risk Management-Konzept, in: ZVersWiss 1978, S. 115 ff.; Carter, R. L.: Risk Management: A British Point of View. – Risk Management aus britischer Sicht, in: ZVersWiss 1978, S. 135 ff.; Farny, D.: Zusammenfassung der Diskussion, in: ZVersWiss 1978, S. 157 ff.
5 Vgl. Bericht über das Kölner Unternehmerforum 1981, Praktisches Risk Management, Sichern Sie die Zukunft Ihres Unternehmens, Chancen-Kosten-Risiken, mit Beiträgen von Bennigsen-Foerder von R.; Forrer, Chr.; Haller, M.; Hoffmann, K.; Jäger, P.; Jansen, H.; Kier, B.; Narjes, K.-H.; Thoenes, H. W.; Wendelstadt, D.; Zech, J.
6 Vgl. unter anderen Mugler, J.: Risk Management in der Unternehmung, Schriftenreihe des Journal für Betriebswirtschaft, Band 6, Wien 1979; Brühwiler, B.: Risk Management – eine Aufgabe der Unternehmensführung, Bern/Stuttgart 1980.
Einen anderen Ansatz wählen: Nägeli, P.: Organisationstheoretische Grundlagen des Risiko-Managements von Unternehmungen, St. Gallen 1978; Braun H.: Risikomanagement – Eine spezifische Controllingaufgabe, Darmstadt 1984; Imboden, C.: Risikohandhabung: Ein entscheidbezogenes Verfahren, Bern 1983.

Abb. 1: Entwicklung der RM-Funktion nach Seifert[7]

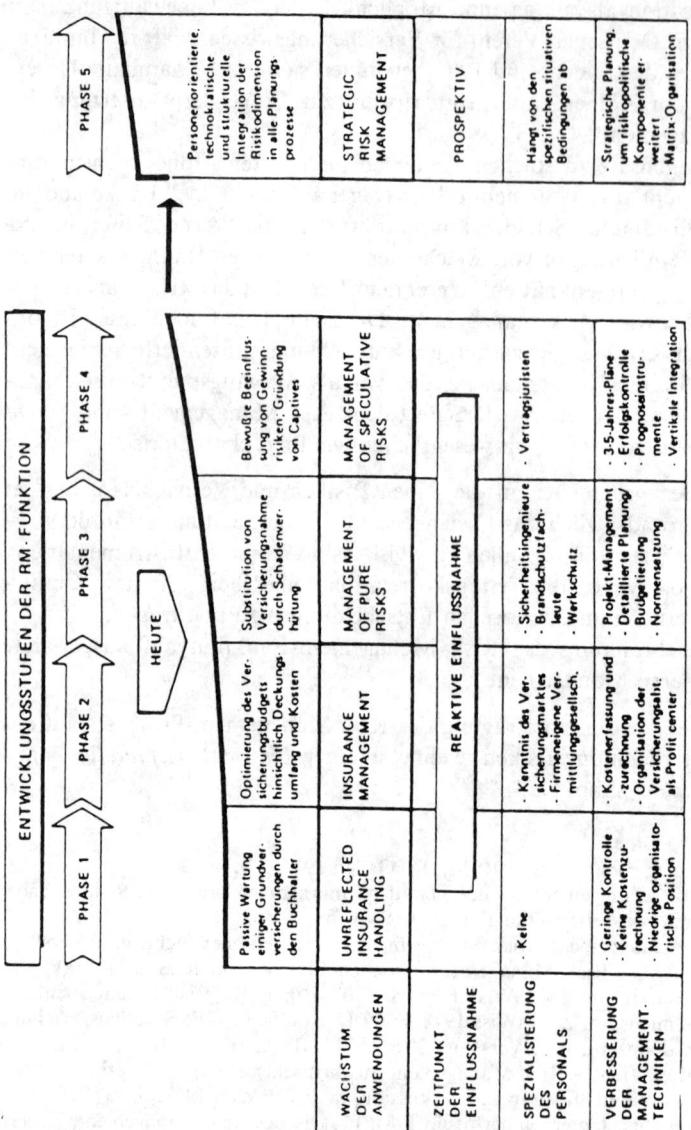

Ohne auf die Details einzutreten, läßt sich aus der Darstellung eine *Grundhypothese* ableiten: Wohl hat es das RM verstanden, die Stufe des „unreflected insurance management" zu überwinden, indem stets weitere Felder zu den herkömmlichen hinzutraten;

[7] Vgl. Seifert, W. G.: Risk Management: Die Zukunft hat noch kaum begonnen, in: Versicherungswirtschaft, 36. Jg., 1. Juni 1981, Nr. 11, S. 746 ff.
Seifert, W. G.: Hat das Risk Management in der Praxis versagt?, in: Frankfurter Allgemeine Zeitung, Nr. 178, 4. August 1980, S. 3 f.

der große Sprung zum Gesamt-Management – bei Seifert durch den Abstand zwischen den Phasen 4 und 5 gekennzeichnet – bleibt ihm jedoch verwehrt, solang nicht auch die *strategischen Risiken* zum Gegenstand des RM werden. Dies wäre nach Seifert von einer grundsätzlichen Umorientierung im Ansatz gekennzeichnet: Übergang von der *reaktiven zur prospektiven Risikobewältigung*.

Wenngleich der Autor an einem Beispiel belegt, in welcher Weise RM in der strategischen Planung zum Zug kommen könnte, so deutet er auch an, wie weit die Lücke zwischen den Phasen tatsächlich bleibt: In der anschließenden Checkliste „Wo steht Ihr Unternehmen?" wird nach herkömmlicher Taktart nach einem „Risk Manager" und dessen Positionierung gefragt, wie wenn es bei einem solch weiten Ansatz überhaupt noch denkbar wäre, das Risiko-Management einem einzelnen Verantwortlichen zuzuweisen. Diese Einschränkung tut der Weitsicht des Vorhabens jedoch keinen Abbruch: Soll Risiko-Management tatsächlich in die Unternehmung als ganzes eingegliedert werden, so bedarf es eines solch umfassenden Konzepts. Deshalb ist es keinesfalls vermessen, die weitere Entwicklung des RM gewissermaßen von vorn, also vom strategischen Management her abzustecken.

2. Konzeptionelle Unterschiede zwischen USA und Europa

Allerdings wollen wir uns bei der Beurteilung der künftigen Entwicklung nicht bloß am *Leitbild*, sondern ebenso an einem möglichen *Weg* und dessen Hindernissen orientieren. Dabei spielt die *bisherige Entwicklung* – als geistige Basis – eine zentrale Rolle. Welches ist die „geistige" Basis des US-Risk Managements, und welches wären die Differenzen zu einem eher „europäisch" geprägten Konzept der Erweiterung?

Wer die Szenerie des US-Risk Management genau verfolgt, wird zunächst die ersten drei Phasen aus Abbildung 1 bestätigt sehen:

- Tatsächlich ist als Ausgangspunkt des RM die *„unreflektierte Versicherungsnahme"* (Phase 1) zu betrachten, ein Zustand, welcher sich bekanntlich in Europa selbst in der Großindustrie noch viel länger erhielt als in den Vereinigten Staaten;
- Risk Management hat sich sodann als *Einkäufer-Bewegung* etabliert, ganz nüchtern im Bestreben, Marktmacht beim Einkauf von Versicherungen konzentriert auszuspielen (Phase 2). Damit stand die *Dollar-Perspektive* von allem Anfang an im Vordergrund;
- Wenn sich die Optimierung des Versicherungsportefeuilles später mit der erweiterten *Schadenverhütung (Phase 3)* verknüpfte, so stand auch hier der *finanzielle Aspekt* im Vordergrund. Wie Seifert u. E. zu Recht festhält, geht es in erster Linie um die weitere Senkung von Versicherungskosten, somit um *Substitution von Versicherung* durch (weniger aufwendige) Schadenverhütung; ein ethischer Aspekt stand hier im Ursprung noch kaum zur Diskussion.
- Wenn allerdings die Phase 4 in Abbildung 1 – über den Einbezug der *Captives* – bereits als „Management *der* spekulativen Risiken" charakterisiert wird, so erhält sie in der Gesamtentwicklung ein Gewicht, das ihr u. E. nicht zukommt: Captives sind

ganz einfach organisatorischer Ausdruck einer *rechtlich verselbständigten Eigenversicherung*, und sie erhalten ihre Motivation zunächst weniger aus unternehmerischen Motiven denn aus der bloßen Kostenersparnis, welche man mit einer solchen Tätigkeit zu erzielen hofft. Daß die Captives dennoch ein spekulatives Element in die Betrachtung einführen, ist zutreffend; dieses Element führt gedanklich allerdings eher auf den Versicherungsmarkt zurück, als daß es die Perspektive in Richtung des strategischen Risiko-Managements erweitern könnte.

Zusammengefaßt läßt sich somit die *US-Entwicklung in den Phasen 1–4* – also im wesentlichen bis heute – im Schwerpunkt als eine *Optimierung der Kosten bei der Bewältigung von (unfallbezogenen) Risiken* interpretieren. Dabei bleiben die grundsätzlich versicherbaren Risiken im Zentrum der Betrachtung: Der Reiz zu einer unternehmerischen Betrachtung der Risikobewältigung hat sich innerhalb dieser Phasen grundsätzlich kaum erhöht. Aus dieser Erkenntnis heraus ist es kaum erstaunlich, daß die Mehrzahl aller Risk-Management-Beiträge die *Optimierung des Cash Flow* und nicht die Bewältigung überlebensrelevanter Risiken im Fokus hat. Auch die periodisch erstellten „Cost-of-Risk"-Studien[8] sparen die unternehmerischen Aspekte des Risikos aus: *Risk Management bleibt im wesentlichen ein Cost-Management im Zusammenhang mit Unfallereignissen.*

Die Einsicht in die geistigen Grundzüge des US-Risk Management macht den Blick frei für Entwicklungen, welche sich in *Europa zumindest vom Ansatz her unterschiedlich* anbahnen. Wohl existiert auch hier (mit der üblichen Zeitverzögerung) ein Trend zur Prämienersparnis und zur Optimierung der Schadenkosten, doch bestand vom Ursprung her stets auch eine zusätzliche Motivation zur Sicherung: Das Motiv der Erhaltung von *Menschenleben* und von *Gütern als Eigenwerte* besitzt in Europa eine weit größere Bedeutung, und auf dieser Basis war Risiko-Management hier von allem Anfang an bedeutend stärker auf *Überlebens-Aspekte* ausgerichtet. Dies kommt nicht nur in der Tradition der Arbeiter-Unfallversicherung und in der Sozialversicherung zum Ausdruck: Auch die Brandversicherung war in ihrem Ursprung und ist bis heute an gesellschaftlichen und sozialen Motiven orientiert. Zusätzlich mag es an der durchschnittlichen Größe europäischer Unternehmen liegen, daß Großschäden – z. B. durch Feuer und Betriebsunterbrechung – rasch zur Überlebensfrage werden, weil ein Ausgleich von Schadenkosten durch interne Kostenverteilung im Konzern nur in wenigen Fällen möglich ist. Schließlich lohnen sich verschiedene RM-Instrumente darum kaum, weil das Gesetz der großen Zahl und die „economies of scale" im Bereich der Schadenverhütung und ihren speziellen Dienstleistungsbereichen kaum zum Tragen kommen.

Die Konsequenz: Selbst wenn wir uns am Idealbild einer weiteren Entwicklung hin zum strategischen RM orientieren, muß bei der Beurteilung der künftigen Entwicklung die *unterschiedliche Orientierung der bisherigen Ansätze* in Betracht gezogen werden. Auf einer Häufigkeitsverteilung von Schäden abgetragen, liegt der US-Schwerpunkt bei relativ kleinen Schäden mit großer Frequenz, während sich das Hauptinteresse in Europa vor allem den Schäden mit kleiner Wahrscheinlichkeit und hohem Schadenpotential zuwendet: US-Risk Management bedeutet in erster Linie Störbarkeits-Management mit der hauptsächlichen Ausrichtung auf den laufenden cash-flow-Effekt, wäh-

---

8 Vgl. unter anderen Blinn, J. D.; Brown, B. M.: Cost of Risk Survey 1983, Risk Planning Group/Risk and Insurance Management Society (Hrsg.), Darien/New York 1984.

rend die Bestrebungen in Europa eher auf das *Verletzbarkeits-RM* (und damit vermehrt auf tiefgreifende Risikobewältigung und auf den Risikotransfer) ausgerichtet sind (vgl. Abb. 10 meines Einleitungsbeitrags). Zweifellos ergibt sich in der Folge von Megaschäden (Stichworte: Asbestose und Bhopal) auch in den Vereinigten Staaten eine Tendenz zum Verletzbarkeits-Management; umgekehrt schlägt sich die Übertragung amerikanischer Management-Mentalität auch in den RM-Entscheidungen der europäischen Industrie nieder, so daß sich eine gegenseitige Annäherung anbahnt. Solche Zusammenhänge, welche intensiv mit amerikanischen Fachleuten diskutiert wurden, sind in *Abbildung 2* (S. 124) dargestellt[9].

3. Konsequenzen für eine künftige Gestaltung der RM-Funktionen

Aus einer Gegenüberstellung der RM-„Philosophien" diesseits und jenseits des Atlantik leiten sich konkrete Konsequenzen für die künftige Entwicklung des Risiko-Managements ab. Dem Grundanliegen dieser Konzeptdarstellung gemäß, wollen wir als Leitidee unterstellen, die (begleitende) *Führungsfunktion des Risiko-Managements besser in den Gesamtzusammenhang der Unternehmungsaktivitäten zu integrieren.*

USA: Betrachtet man unter solcher Perspektive das Ursprungsland des „Risk Management", so ist kaum damit zu rechnen, daß in absehbarer Zeit eine Ausweitung hin zum strategischen Management und eine Integration der RM-Funktionen in diesem Sinne erfolgen wird. Gerade die Schwerpunkte, welche Inhalt und Stil in den USA kennzeichnen, nämlich

- Ausrichtung der RM-Aktivitäten primär an *Störbarkeit,* d. h. an der optimalen Bewältigung zahlreicher, relativ kleiner Störungen
- Schwerpunkt bei der *finanziellen* Führung, vor allem unter cash flow- und ROI-Kriterien
- Zuweisung der RM-Funktion an einen *Risk Manager* und dessen Abteilung
- *„Professionalismus"* dieser spezifischen Funktion, mit relativ starren und normierten Definitionen und Prüfungsstandards
- Zunehmende *Spezialisierung* in Teilbereichen, insbesondere bei den (quantitativen) Risk-Information-Systemen
- Unterstützung im Sicherungsmarkt durch hochspezialisierte Service-Anbieter in spezialisierten RM-Segmenten (im Zeichen des *„unbundling")*

sind in ihrer Gesamtheit geeignet, das US-Risk Management *in der herkömmlichen Aktivitätennische festzunageln.* So hoch das Niveau und die „sophistication" in den einzelnen Teilbereichen auch sein mag – im Kern handelt es sich um eine Verwechslung zwischen der allgemeinen, begleitenden Management-Funktion der Risikobewältigung

---

9 Vgl. Haller, M.: Risk Management and Captives: A European View, in: Bermuda Insurance Week 1983, Papers, S. 134 ff. Vgl. hierzu auch die auf Deutschland bezogenen Überlegungen von Schimming, W.: Der firmenverbundene Versicherungsvermittler als Risikomanagement-Organisation im Unternehmen – Konsequenzen für den Industrieversicherer.

Abb. 2: Unterschiedliche Schwerpunkte des RM in den USA und in Europa

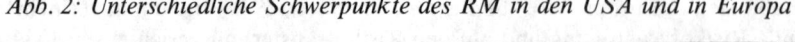

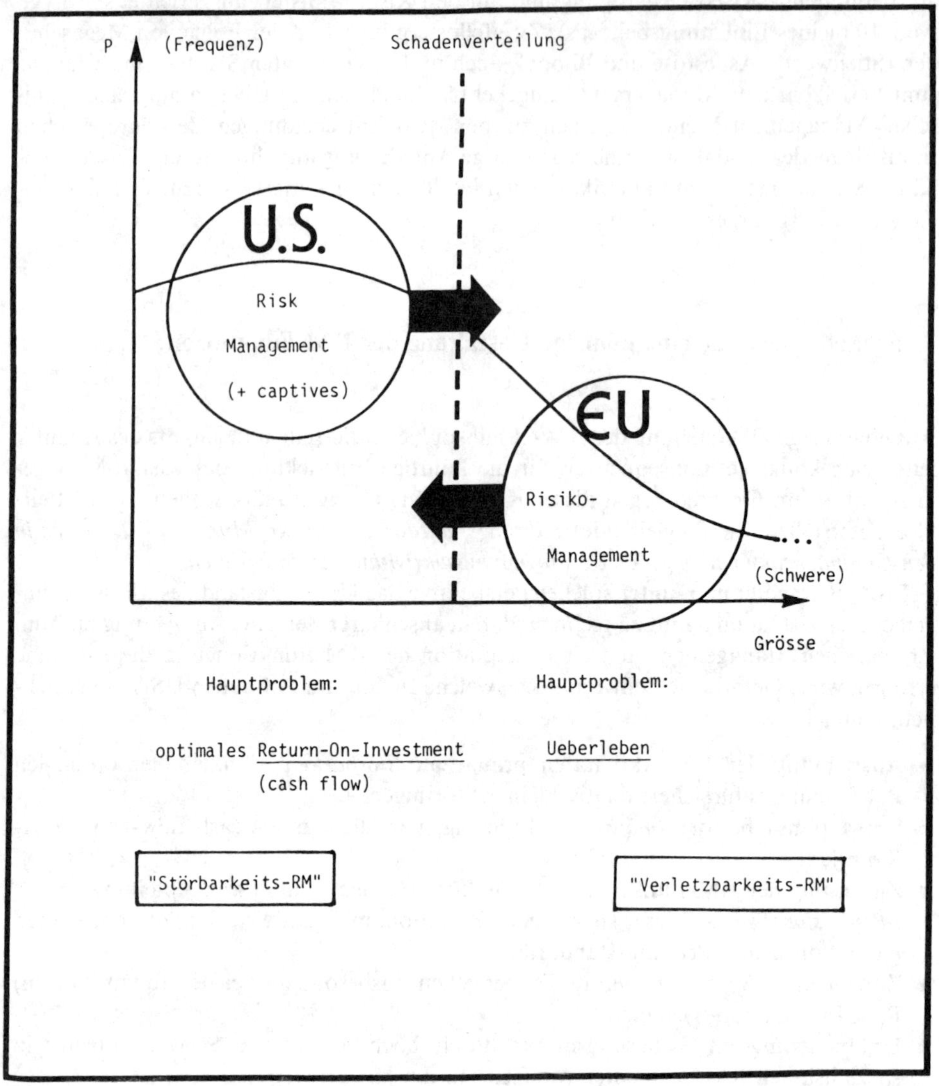

und dem spezifischen Koordinationsbedürfnis beim RM im engeren Sinne. Die Prognose geht dahin, daß dieser Zustand kaum in Bälde überwunden werden wird.

Europa: Betrachten wir dagegen den europäischen und im besonderen den deutschsprachigen Raum, so dürften Ausgangslage und künftige Entwicklung durch andere Faktoren bestimmt werden. Wenn hier die Überlebensaspekte, das Motiv des Schutzes und der Erhaltung von Menschenleben und Unternehmungen als Eigenwerte im Vordergrund stehen, so mag dies unter dem Aspekt der allgemeinen Wirtschaftsentwicklung zwar vordergründig als negativ erscheinen – kürzlich wurde gar der Begriff einer „Eurosklerose" geprägt –, doch könnte man dieses tief verhaftete Sicherheitsbedürfnis auch zum Anlaß nehmen, *von einem umfassenden Risiko-Management her unternehmerische Gegenimpulse* auszulösen: Weil europäische Unternehmungsverantwortliche auf absehbare Zeit damit zu leben haben, daß

- 1. *Tradition, Schutz und Vorsorge* bei aller Beweglichkeit die Eigenart der Unternehmungen und ihrer spezifischen Umwelt mitprägen müssen
- 2. eine Vielzahl früher erfolgreicher Produkte und Dienstleistungen zumindest auf den Exportmärkten durch *Substitutionsprozesse* bedroht sind
- 3. in der *Verbindung von unternehmerischem Fortschritt und ökologischem Gedankengut* die eigentliche Herausforderung und Chance europäischer Kultur liegt,

wird *„Risiko"* hier einen zunehmenden Stellenwert einnehmen. Darum drängt es sich geradezu auf, *Risiko und Management in ein Gesamtkonzept* einzubetten, welches natürlicherweise *beim strategischen Management einsetzt*. Bevor die eigentlichen Instrumente besprochen werden, müßte eine intensive Auseinandersetzung mit der Frage eingeleitet werden, *welche Eigenwerte „Unsicherheit"* einerseits und *„Risiko"* andererseits verkörpern (vgl. Abb. 6, S. 23). Auf der Basis einer solchen Grundstrategie zur *künftigen Risikohaltung* jeder Unternehmung und ihrer Führungsangehörigen erfolgt die Auseinandersetzung mit den derzeitigen und den künftigen Erfolgspotentialen, welche die strategische Diskussion bestimmen: Integriertes Risiko-Management wird unter dieser Voraussetzung nicht aus den herkömmlichen RM-Ansätzen weiterentwickelt, sondern *vom strategischen Sicherungsgedanken her „nachgezogen"* (Abb. 3).

Die Darstellung eines solch umfassenden *RM-Konzeptes in Abbildung 3* lehnt sich inhaltlich an das Entwicklungsschema von Seifert an (vgl. Abb. 1 und Abb. 3, Sektor B), verzichtet aber auf die Stufenfolge im Zeitablauf. Vielmehr wird vermutet, daß in jeder Unternehmung eine Vielzahl von „RM-Modulen" – meist unter anderem Titel – bereits besteht, daß aber die Teilbereiche unter sich und im Hinblick auf ein integriertes Risiko-Management kaum nach einem einheitlichen Konzept koordiniert sind. Was sich im Subsystem des „RM i. e. S." (vgl. Abb. 14 meines Einleitungsbeitrages und Abb. 3, D) bereits als eine recht komplexe Problemlösung darstellt, vollzieht sich auf der höheren Stufe des gesamten Managements in ähnlicher Weise: Die *Gesamtkoordination im RM* (vgl. Abb. 3, A) basiert auf dem strategischen Management, welches sich mit dem strategischen Risiko-Management in einem weiten Bereich deckt (längerfristige Überlebensfragen sind zugleich Risikofragen.) Was die *Koordination des RM auf operativer Stufe* betrifft, so sind im Gesamtkonzept *„Marketing"* die besten Voraussetzungen gegeben, um die umfassenden Risikoaspekte auf dieser Ebene zu koordinieren. Insbesondere zwingt die Ausrichtung auf Markt und Kunde das *Risiko-Management i. e. S.,* im eigentlichen Sicherungsprozeß (vgl. Abb. 8, S. 27) in allen drei Phasen die Ausrichtung auf die Unternehmungs*ziele* zu gewährleisten.

Sind solche Koordinationsmechanismen einmal eingespielt, so kann in den Subsystemen relativ autonom gehandelt werden. Im Hinblick auf *Großrisiken* ist allerdings entscheidend, daß zwischen den Bereichen jene Risikoprobleme tatsächlich kommuniziert werden, bei denen das *Überleben* der Unternehmung oder wesentliche Teile davon in Frage gestellt sind. Weil bezüglich großer Bedingungsrisiken normalerweise keinerlei Erfahrung besteht, gewinnt hier das *Verletzbarkeits-Management* (d. h. die Anpassung von Systemen nach Kriterien der Verwundbarkeit; Abb. 10, S. 29) die entscheidende

Abb. 3: Risiko-Management im integrierten Konzept

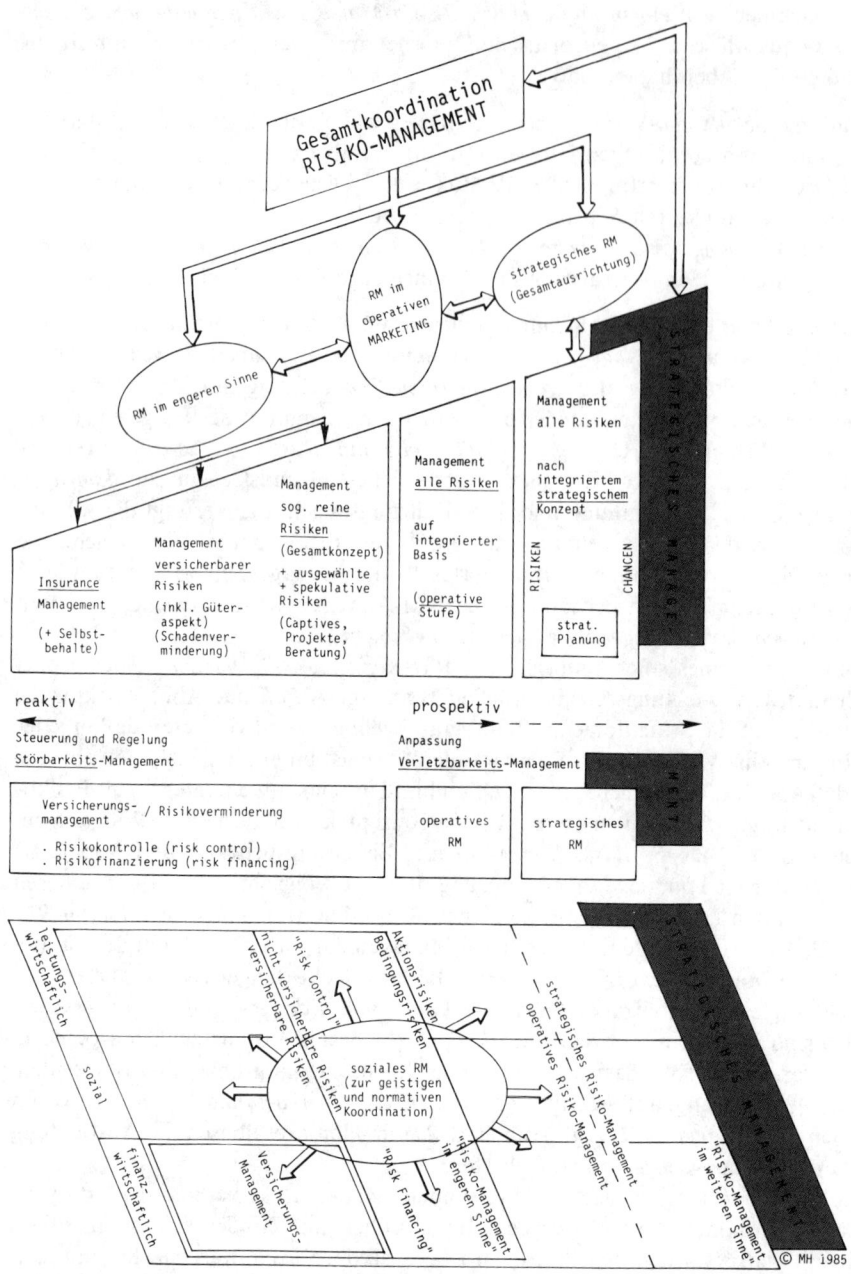

Bedeutung. Sind Anlagen und Prozesse bereits vorgegeben, so tritt die frühzeitige Meldung von schweren Störpotentialen im Marketing und im RM i. e. S. an deren Stelle. Während somit das RM i. e. S. normalerweise in der Lage ist, das *Störungs*-Management relativ autonom zu bewerkstelligen, bedarf es umfassender gegenseitiger Information und Kommunikation, damit schwerwiegende *Verletzbarkeiten* hier überhaupt festgestellt werden können.

In der entscheidungslogisch ausgerichteten Literatur wird solchen Problemen nicht das nötige Gewicht beigemessen, weil richtige Information und Kommunikation schlicht vorausgesetzt werden. Untersuchungen in der Praxis decken allerdings den gegenteiligen Tatbestand auf: Bei der Untersuchung von Größtunfällen im letzten Jahrzehnt konnte fast durchwegs festgestellt werden, daß das Wissen an sich in den betreffenden Systemen durchaus vorhanden war oder relativ leicht hätte erworben werden können. Vielmehr fehlte es an den entsprechenden „Scheinwerfern" (Popper), welche die Probleme beleuchteten und zu jenen Sicherungskonsequenzen geführt hätten, deren Mangel im nachhinein den Verantwortlichen vorgeworfen wurde[10]. Interessant ist auch die Feststellung, daß solche Unfälle sich oft an Stellen weitab von zentralen Planungs- und Kommunikatiosstellen ereigneten, so z. B. bei Industrieanlagen in Form von joint ventures und/oder in Ländern mit relativ schwach ausgeprägter „Sicherheitskultur".

Um dem *sozialen und kommunikativen Element* das nötige Gewicht zu verleihen, ist im unteren Teil von Abbildung 3 nochmals jenes *„9-Felder-Schema"* eingeblendet, welches bereits Anlaß zu organisatorischen Überlegungen gegeben hatte (Abb. 13, S. 38). Es erinnert daran, daß Integration im Risiko-Management nicht nur eine Frage der horizontalen Verbindung ist: In die Tiefe aufgestaffelt, stellt sich in jedem Bereich das ständige Problem der Koordination von technologisch/leistungswirtschaftlichen, von sozialen und von finanzwirtschaftlichen Überlegungen. Während die peripheren, spezialisierten Bereiche häufig gut ausgebaut sind, deutet sich *im sozialen Bereich,* unter psychologischen und soziologischen Aspekten ein *zunehmendes Defizit* an. Angesichts der Vernetztheit des Risikophänomens zwischen Wirtschaft und Gesellschaft wird es künftig vermehrt eine Aufgabe des (Risiko-)Managements sein, sich nicht bloß mit quantifizierbaren und wahrscheinlichkeitsfundierten Risikoanalysen auseinanderzusetzen: Aufgrund der Einsicht, daß Ängste und Befürchtungen in der Industriegesellschaft oft am reinen *Risikopotential,* m. a. W. an extremen Abweichungen von geplanten Werten ansetzen, wird eine *sozio-kulturelle Risikopolitik*[11] in den Vordergrund rücken (vgl. Abb. 3, D). Wer sich bereits heute mit dem „Neuen Denken", mit Fragen einer Integration des nüchtern betrachteten *ökologischen Denkens* auseinandersetzt, wird dabei erkennen, daß (Vor-)Sorge und Pflege von Systemen an die Stelle des „Reparaturdenkens" treten. Solches Denken ist dem Risiko-Management schon heute vertraut, doch dürfte der Unterschied darin bestehen, daß es im „normalen" Management vermehrt Einzug hält. Weiterhin wird die Gestaltung, Lenkung und Entwicklung von Unternehmungen eine Frage des „richtigen Risikos" sein – was sich allerdings ändern dürfte, wird die Einschätzung dieser „Richtigkeit" sein.

10 Hall, W. K.: Why Risk Analysis isn't working?, in: Long Range Planning, 1975, S. 25ff.; Perrow, Ch.: Das Management von Systemen und Technologien mit hohem Risikopotential, in: gdi-Impuls 2/1984, S. 55ff.
11 Die zunehmende Diskussion um die Frage einer „Wendezeit" im Gesamtzusammenhang mit systemischem und ökologischem Denken dürfte künftig auf allen Ebenen die Probleme der gesellschaftlichen Verantwortung im Zusammenhang mit der Schaffung von Risiken in den Vordergrund rücken. Vgl. insbesondere die Diskussionen um Capra, F.: Wendezeit. Bausteine für ein neues Weltbild, Bern/München/Wien 1984.

Fragen und Antworten
zu den Aufsätzen

Risiko-Management – Eckpunkte eines integrierten Konzepts

Von Prof. Dr. Matthias Haller

Ist Risiko-Management für unternehmerische Entscheidungen sinnvoll?

Diese grundlegende Frage muß geklärt werden, weil jede unternehmerische Entscheidung mit Risiko behaftet ist. Ein besonderes Risiko-Management wäre also überflüssig, wenn das Management die Risikoaspekte seiner Entscheidungen jederzeit vollständig bewerten und berücksichtigen könnte.

Diese Voraussetzungen sind jedoch aus verschiedenen Gründen häufig nicht erfüllt. Bei der Einstellung zum Risiko und der Reaktion auf Risikosituationen gibt es von Individuum zu Individuum große Unterschiede. In Unternehmungen mit mehreren, oft sogar zahlreichen Führungskräften, die täglich eine große Zahl von Einzelentscheidungen zu treffen haben, kann folglich nicht vorausgesetzt werden, daß die Entscheidungsrisiken einheitlich, systematisch umfassend und überall mit gleich hoher fachlicher Kompetenz behandelt werden. Die notwendige Entwicklung und Durchführung einer einheitlichen Risikopolitik der Unternehmung erfordert deshalb, daß das Risiko-Management als begleitende Führungsfunktion etabliert wird, die soweit wie möglich in die „normale" Führungstätigkeit eingegliedert werden soll.

Die Zielsetzung dieses Risiko-Managements besteht darin, daß

- wesentliche Risiken von Führungstätigkeiten besser erkannt und bearbeitet werden;
- geeignete Instrumente und Verfahren der Risikobewältigung ausgewählt werden und
- die notwendigen Konsequenzen für die Organisation und Führung der Unternehmung gezogen werden.

Wie unterscheidet sich diese Vorstellung vom Risiko-Management im Gesamtzusammenhang der Unternehmensführung von der traditionellen, versicherungsorientierten Risk Management-Auffassung?

Die versicherungsorientierte Risk Management-Konzeption ist – aus den USA kommend – in erster Linie darauf ausgerichtet, die Versicherung von Risiken der Unternehmung effizient zu gestalten und kostengünstig einzukaufen. Dieser Ansatz ist jedoch in den Aufgabenbereich der Unternehmensführung kaum integriert. Obwohl der „klassische" Risk Manager ganz erheblich zur Schadenverhütung im Unternehmen sowie zur Einsparung von Versicherungsprämien beitragen kann, besteht mit seiner Tätigkeit doch die Gefahr, daß schwerwiegende Entscheidungsrisiken, insbesondere wenn sie als nicht versicherbar angesehen werden, nicht die erforderliche Aufmerksamkeit finden. Überhaupt erweist sich die Einschränkung der Risk Management-Aufgaben auf sogenannte versicherbare Risiken als wenig sinnvoll.

Um diese Einschränkungen und mögliche Fehlwirkungen des traditionellen Risk Managements zu überwinden, ist es erforderlich, Risiko-Management als Teil der Führungsaufgabe im Unternehmen für den Gesamtzusammenhang der Entscheidungsrisiken zu verstehen.

Wie läßt sich das Risiko im Zusammenhang der Managementaufgaben erklären und konkretisieren?

Durch ihre Funktion als Nachfrager und Anbieter am Markt von Sachgütern und Dienstleistungen ist jede Unternehmung gezwungen, sich an die Veränderungen ihrer Umwelt ständig anzupassen. Diesen Veränderungen in der technologischen, der ökonomischen und der sozialen Sphäre der Umwelt müssen entsprechende Anpassungsmaßnahmen auch auf den jeweiligen Gestaltungsebenen innerhalb der Unternehmung folgen. Dabei besteht die konkrete Möglichkeit, daß dieser Anpassungsprozeß zwischen externen Umweltbedingungen und internen Unternehmensvorgängen durch Störfaktoren beeinträchtigt wird. Die Zahl und das Gewicht solcher Störfaktoren hat in den vergangenen Jahren stark zugenommen und zu einer erhöhten Verletzbarkeit der Unternehmung geführt.

Aus der Möglichkeit derartiger Störungen erwächst für die Unternehmung die Gefahr, daß sie ihre Ziele nicht erreicht, und dementsprechend für das Management die Aufgabe, möglichst frühzeitig Störprozesse zu erkennen und in deren Entwicklung einzugreifen. Es ist nun zweckmäßig, das Unternehmungsrisiko als die Summe der Möglichkeiten zu verstehen, daß sich Erwartungen des Systems „Unternehmung" aufgrund von Störprozessen nicht erfüllen. In diesem Sinne ist dann die Auseinandersetzung des Managements mit Störprozessen zugleich auch Risiko-Management.

Welche Arten von Risiko treten im Entscheidungsprozeß auf und von welchen Störfaktoren hängen sie ab?

Voraussetzung für die bewußte Wahrnehmung von Risiken im Entscheidungsprozeß ist die Formulierung von Zielen und Erwartungen. Erst wenn sie ausdrücklich festgelegt werden, können auch Störprozesse erkannt werden, die zu Abweichungen bei der Realisierung der Ziele führen.

Es kommt also darauf an, daß die aus möglichen Störprozessen entstehenden Risikolagen bewußt in den Entscheidungsprozeß einbezogen werden. Dabei ist es zweckmäßig, zwei Arten möglicher Störprozesse zu unterscheiden:

- Aktionsrisiken, bei denen die Störprozesse direkt auf den Entscheidungsprozeß wirken;
- Bedingungsrisiken, die durch indirekte Störpotentiale in den Randbedingungen der Unternehmungsentscheidungen entstehen.

Obwohl beide Risikoarten gleichermaßen bedeutsam für Entscheidungen sind, ist festzustellen, daß das Bewußtsein für Bedingungsrisiken häufig weniger gut entwickelt ist als für Aktionsrisiken.

Welche Bedeutung hat das Risiko-Management bei der Entwicklung der Sicherheitsidee in der Unternehmenspolitik?

Sicherheit ist eine durchgängige Idee einer jeden Unternehmenspolitik, allein schon um das Überleben der Unternehmung zu erreichen. Dabei muß freilich die Sicherheitsidee hinter den übrigen Sach- und Formalzielen der Unternehmung zurücktreten, da sie keine eigenständige Zielqualität, sondern als Nebenbedingung eher den Charakter eines Metazieles in der Unternehmenspolitik besitzt.

Es ist dann die Aufgabe des Risiko-Managements, das allgemeine Sicherungskonzept und die erforderlichen Maßnahmen im Sinne der Risikopolitik zu konkretisieren und in den Gesamtzusammenhang der Unternehmungspolitik einzubeziehen. Dabei sind Aussagen zur Sicherheit auf den Ebenen der Aktionsrisiken, der Bedingungsrisiken sowie zur Risikoneigung der Unternehmung zu formulieren und durch entsprechende Verhaltensnormen koordiniert durchzusetzen.

Welche Phasen des Sicherungsprozesses gehören zum Risiko-Management und welche Maßnahmen sind zur Risikobeeinflussung geeignet?

Der Sicherungsprozeß des Risiko-Managements läßt sich in drei Phasen einteilen, die jedoch nicht in starrer Abfolge, sondern je nach Problemlage zu durchlaufen sind:
- Phase A: Abklärung der Erwartungen
  Hierbei geht es insbesondere um die Beschaffung der Informationen für die Abklärung der Ziele und Plandaten in der Unternehmung sowie der Randbedingungen ihres Handlungsrahmens. Diese Entscheidungskomponenten sollten dann als Teil der Unternehmungspolitik schriftlich formuliert werden.
- Phase B: Beurteilung der Risikolage
  Aufgabe ist die Identifikation und Analyse von Störfaktoren sowie die Bewertung ihrer Wirkungen im Gesamtzusammenhang der Unternehmungspolitik. Dazu gehören insbesondere die qualitative Ermittlung der Störfaktoren und ihrer Bedrohungspotentiale; die Aufgliederung der Störprozesse in ihre Komponenten und die Bildung von Störungsketten für die verschiedenen Stördimensionen; schließlich die Abschätzung der Verletzbarkeit der Unternehmung durch diese Störungsprozesse und damit die Beurteilung der gesamten Risikolage.
- Phase C: Sicherungsmaßnahmen
  Aufgrund der Ergebnisse der Risikoanalyse sind Entscheidungen darüber zu treffen,

welche Maßnahmen zur Sicherung und damit zur Risikominderung der Unternehmung ergriffen werden sollten. Dabei bieten sich insbesondere die Alternativen der Vermeidung, der Verminderung, der Überwälzung und der Selbsttragung von Risiken an. Die Entscheidungen über Sicherungsmaßnahmen sind schließlich zu realisieren und ihre Ergebnisse zu kontrollieren.

Welche organisatorischen Konsequenzen ergeben sich aus dem Risiko-Management?

Da die Sicherheitsziele des Risiko-Managements nicht durch einmalige Maßnahmen erreicht werden können, sondern nur als Daueraufgabe innerhalb der Unternehmungspolitik, muß für eine organisatorische Institutionalisierung des Risiko-Managements gesorgt werden.

Selbstverständlich ist es nicht sinnvoll, die Organisationsstrukturen der Unternehmung primär unter Sicherheitsaspekten zu gestalten. Vielmehr müssen Überlegungen angestellt werden, wie die Aufgaben des Risiko-Managements mit anderen organisatorischen Anforderungen, wie insbesondere Funktionen, Produkte und Kunden, in Einklang gebracht werden können.

Um diese verschiedenen Anforderungen mit der notwendigen Flexibilität der Organisation zur Anpassung an schnell veränderliche Marktbedingungen zu gewährleisten, bietet sich ein mehrdimensionaler Aufbau der Organisationsstruktur an. Während die Daueraufgaben des Risiko-Managements auf den primären und sekundären Strukturdimensionen einer Matrixorganisation anzusiedeln sind, eignen sich Projektteams insbesondere zur Abwendung oder Überwindung von Störungsfällen (Krisen-Management) sowie zur Durchsetzung von Neuerungen der Risikopolitik. Auf der Koordinationsebene (Dimension 4) ist es wichtig, daß das Risiko-Management in die Informationsverarbeitungs- und Kommunikationsprozesse der Unternehmung einbezogen wird.

Wie können die Aufgaben der Risiko-Management-Funktion auf die Organisationsstruktur zugewiesen werden?

Der gesamte Aufgabenkomplex des Risiko-Managements läßt sich nach verschiedenen Kriterien, wie Aktions- und Bedingungsrisiken, versicherbaren und nicht versicherbaren Risiken, aufgliedern. Dementsprechend können einzelne Aufgaben des Risiko-Managements den Strukturdimensionen der Organisation etwa folgendermaßen zugewiesen werden:

Sicherung in der 1. Dimension (Primärstruktur):
– Einbeziehung der Verantwortung für Risikoerkennung, Risikoanalyse und Sicherungsmaßnahmen in die allgemeine Führungsverantwortung der operationellen Einheiten;
– Einrichtung einer Zentralen Dienststelle „Sicherheits-Koordination" (Risiko-Management) im Bereich der Zentralen Dienste, die insbesondere für die Wahrnehmung und Bewältigung der Bedingungsrisiken verantwortlich ist;

- Verantwortlichkeit der zentralen Unternehmungsleitung für die Berücksichtigung der Sicherheitsaspekte in den Unternehmungszielen, die Formulierung der Risikopolitik sowie auf dieser Basis für die Führung der dezentralen Einheiten und der Zentralstelle „Sicherheits-Koordination".

Sicherung in der 2. Dimension (Sekundärstruktur):
- Allgemeine Führungsverantwortung für die Sicherungsfunktion nach dem Strukturprinzip dieser Ebene, i. d. R. nach Funktionsbereichen;
- Koordination der Risikopolitik durch enge Zusammenarbeit mit der Zentralen Dienststelle „Risiko-Management";
- Zentralisierung der Sicherheitsfinanzierung sowie des Versicherungs-Managements im Funktionsbereich „Finanzen".

Sicherung in der 3. Dimension (Projektorganisation):
- Einsatz von Projektteams zur Früherkennung und Verhinderung potentieller Störungen, zum Krisen-Management sowie zur Planung und Durchführung neuer Strategien der Risikopolitik.

Sicherung in der 4. Dimension (Planungs- und Kontrollaufgabe):
- Zusammenführung der Risiko-Management-Aufgaben auf den drei vorgelagerten Organisationsdimensionen durch deren Koordination;
- Einbeziehung des Informations-, Kommunikations- und Kontrollbedarfs des Risiko-Managements in das allgemeine Informations- und Kontrollsystems der Unternehmung.

Risk Management in einem internationalen Konzern

Von Jürgen Herrmann

Auf welchen wesentlichen Empfehlungen der Projektgruppe basiert die Risk Management-Funktion?

Die von der Projektgruppe erarbeiteten Empfehlungen betreffen vorwiegend zwei Problembereiche. Der eine Bereich befaßt sich mit der Erfassung der Risikolage des Konzerns, der andere mit dem gesamten Gebiet des Einkaufs von Versicherungen.

Zum Problem der Risikoanalyse des Konzerns lauten die Empfehlungen, daß:

- die offenkundig bei der Haftpflicht- und Betriebsunterbrechungsversicherung bestehenden Deckungslücken analysiert werden;
- die Gefahren in einer breiteren Sicht als bisher betrachtet werden;
- eine Notfall- und/oder Eventualfallplanung eingeführt wird, um die Notwendigkeit von Betriebsunterbrechungsversicherungen festzustellen und Schadenverhütungsmaßnahmen zu verbessern;
- ein Risikofinanzierungsplan erarbeitet wird.

Die wesentlichen Empfehlungen für den Einkauf von Versicherungsschutz lauten:

- Zentralisierung des Einkaufs mit dem Ziel, die Einkaufsmacht effizient auszunutzen;
- Festlegung einer Einkaufsstrategie, durch die weltweite Deckung bei den Versicherungsarten Feuer, Feuerbetriebsunterbrechung, Haftpflicht und Automobil sowie die Einführung von Selbstbeteiligungen bei diesen Versicherungsarten sichergestellt wird;
- Zusammenarbeit mit Versicherern, die grundsätzlich die Bereitschaft zeigen, mit einer konzerneigenen Versicherungsgesellschaft zu kooperieren.

Wo wurde die Risk Management-Funktion organisatorisch angesiedelt?

Die organisatorische Ansiedlung der Risk Management-Funktion erfolgte durch die Aufwertung einer Versicherungsvermittlungsgesellschaft. Diese Vermittlungsgesellschaft wurde der deutschen Holding des Konzerns direkt zugeordnet und der Aufsichtsrat mit dem Executive Vice-President Economy/Finance und dem Vice-President Finance des Konzerns besetzt. Die damit mögliche direkte Kommunikation mit der ersten Führungsebene des Konzerns ist für die erfolgreiche Ausführung der Risk Management-Funktion von elementarer Bedeutung. Darüber hinaus verdeutlicht die enge Verbindung zur Konzernspitze die weitreichende Entscheidungskompetenz, mit der die Risk Management-Funktion ausgestattet ist.

Ein weiterer Vorteil dieser organisatorischen Lösung besteht darin, daß die Funktion aus Provisionen finanziert werden kann, die früher an fremde Vermittler gezahlt wurden.

Was sind Rahmenverträge, für welche Risiken werden sie abgeschlossen und welche Vorteile bieten sie gegenüber herkömmlichen Versicherungsverträgen?

Rahmenverträge oder Master-Policies sind Versicherungsverträge, die eine vom Konzern angestrebte Mindestdeckung von Risiken der in verschiedenen Ländern ansässigen Konzerngesellschaften zum Gegenstand haben. Sind Erweiterungen des Deckungsumfanges aufgrund nationaler Gepflogenheiten erforderlich, so können solche Änderungen über die Vereinbarungen der Rahmenverträge hinaus in die nationalen Policen aufgenommen werden. Angewendet wird diese Versicherungsart bei der Feuer- und Feuer-Betriebsunterbrechungsversicherung sowie der Haftpflicht- und Produkthaftpflichtversicherung.

Der wichtigste Zweck von Rahmenverträgen ist die Durchsetzung einer konzernweiten Versicherungspolitik. Ein weiterer Vorteil gegenüber herkömmlichen Verträgen ist die Reduzierung des Verwaltungsaufwandes. Im konkreten Fall haben drei Rahmenverträge ca. 300 Versicherungspolicen ersetzt. Darüber hinaus ermöglichen Rahmenverträge die Angleichung von Bedingungen und Prämien auf ein international übliches Niveau.

Welche Bedeutung besitzt die Risikoanalyse des Konzerns?

Der Zweck der Risikoanalyse ist zunächst eine umfassende Bestandsaufnahme der tatsächlichen Risikosituation des Konzerns hinsichtlich aller wichtigen Gefahren. Deren Eintrittsmöglichkeiten sowie die möglichen Höchstschäden sind abzuschätzen und die vorhandenen Sicherheitsvorkehrungen zu beurteilen. Derartige Darstellungen der Risikosituation, die periodisch immer wieder aktualisiert werden müssen, sind Grundlage für alle weitergehenden Entscheidungen zum Risk Management, insbesondere über zusätzliche Schadenverhütungsmaßnahmen, den Umfang der Selbstbehalte sowie die Gestaltung der Versicherungskonzeption.

Die systematische Risikoanalyse ist auch Grundlage für die Eventual-Fall-Planung (Contingency Planning). Dabei wird über die traditionell versicherbaren Gefahren hinaus nach Einflußfaktoren und Zusammenhängen gesucht, die negative Potentiale für den Ertrag des Konzerns enthalten, wie Abhängigkeiten von Lieferanten, Kunden oder Transportsystem, Produktionsengpässen und Lagerentwicklung. Solche Risiken können nicht durch Versicherungen gedeckt werden und erfordern Entscheidungen über den Abbau von Engpässen, organisatorische Umgestaltungen und die Verbreiterung der Kunden- und Lieferantenbeziehungen.

Warum sind Schadenverhütungsinvestitionen auch bei Versicherungsschutz sinnvoll?

Schadenverhütungsinvestitionen trotz möglichem Versicherungsschutz sind im wesentlichen aus zwei Gründen zu rechtfertigen:

Zum einen ist es die Gefahr, durch einen schadenbedingten Produktionsausfall Marktanteile zu verlieren, für die auch im Rahmen einer Betriebsunterbrechungsversicherung kein Versicherungsschutz besteht. Schadenverhütungsmaßnahmen bieten hier die einzige Möglichkeit, das Risiko zu begrenzen.

Zum anderen sind es die vom Konzern vereinbarten Selbstbehalte, die unter Wirtschaftlichkeitsgesichtspunkten angemessene Schadenverhütungsinvestitionen bedingen. Zudem werden Schadenverhütungsmaßnahmen beim Abschluß von Versicherungsverträgen mit Rabatten honoriert, was die positive Wirkung solcher Investitionen aus ökonomischer Sicht unterstützt.

Unter welchen Voraussetzungen kann die Selbstversicherung sinnvoll angewendet werden und welche Selbstversicherungskonzepte werden vom Konzern verwirklicht?

Die grundlegenden Voraussetzungen für die Selbstversicherung sind:

– die Existenz eines funktionstüchtigen Schadenverhütungsprogramms;
– eine genügende Streuung der Risiken und
– ein ausreichendes Prämienvolumen.

Verwirklicht wurde anfangs eine Selbstversicherungslösung, die es ermöglichte, neben den lokalen Selbstbehalten einen zentralen Selbstbehalt für den Konzern festzulegen. Dadurch wurde eine Reservebildung über mehrere Perioden möglich. Technisch erfolgte die Reservebildung durch den Abschluß eines Vertrages zwischen dem Konzern und den Versicherern über die Einrichtung eines Rückversicherungskontos zugunsten des Konzerns. Durch diese Art der Selbstversicherung konnten die Risikofinanzierungskosten, trotz des Eintrittes einiger Schäden, gegenüber dem traditionellen Versicherungskonzept gesenkt werden.

Nachdem sich diese Selbstversicherung bewährt hatte, wurde eine konzerneigene Versicherungsgesellschaft mit Standort Bermuda gegründet. Die Aufgabe der Captive, die von der technischen Abwicklung her gesehen an die Stelle des Rückversicherungskontos tritt, war zunächst die Rückversicherung der Feuer- und Feuer-Betriebsunterbrechungsversicherung der einzelnen Konzerngesellschaften. Durch den Einsatz der konzerneigenen Versicherungsgesellschaft konnten die Risikofinanzierungskosten erneut vermindert werden.

Risk Management und Versicherungsmakler

Von Franz E. von Gärtner

Bedeutet Risk Management im allgemeinen Sinn nur eine Zauberformel für theoretische Überlegungen oder kann sie in der Praxis zu sachgerechten Lösungen beitragen?

Die früher euphorische Zieldarstellung des Risk Managements als Risikodimension, allen Entscheidungen in einem Unternehmen besser und optimal gerecht zu werden, ist heute der sachlicheren Betrachtungsweise gewichen. Risk Management wird zur Lösung spezieller risikopolitischer Probleme in einem begrenzten Umfang eingesetzt.

Was bedeutet Risk Management in der Versicherungswirtschaft aus Sicht des Versicherers?

Nachdem auch hier überzogene Vorstellungen korrigiert worden sind, muß die Aufgabe der Versicherer im Rahmen des Risk Management als auf die Bereiche versicherungstechnischer Relevanz zurückgeführt angesehen werden, und ihre wesentliche Aufgabe liegt in der Bereitstellung des optimalen Versicherungsschutzes unter Berücksichtigung der technologischen Entwicklung.

Was ist die Aufgabenstellung eines Versicherungsmaklers?

Der Versicherungsmakler ist Betreuer und Vertreter seiner Kunden in allen Versicherungsangelegenheiten. Er gestaltet in ihrem Auftrag und nach ihren Bedürfnissen die Versicherungsverträge, vermittelt den Abschluß dieser Verträge im nationalen und internationalen Markt und hat für die sach- und marktgerechte Verwaltung der Verträge nach Abschluß Sorge zu tragen. Ergänzend hierzu gehört die Betreuung des Versicherungsnehmers insgesamt.

Kann die Risk Management-Beratungsfunktion in die Aufgabenstellung eines Versicherungsmaklers einbezogen werden?

Die Risk Management-Beratungsfunktion ist keine Ergänzung, sondern echter zusätzlicher Bestandteil der Service-Palette eines Versicherungsmaklers und nur unter besonderen Voraussetzungen, insbesondere auch in der Frage der Vergütung, durchführbar.

In welcher Form kann ein Versicherungsmakler die Aufgaben eines Risk Management-Beraters übernehmen?

Durch die Aufstellung eines speziellen Beratungsteams mit dem fachgerechten Personal hat der Versicherungsmakler nach ganz konkreten Richtlinien eine detaillierte Risikostudie in enger Abstimmung mit der Unternehmensführung und den verantwortlichen Mitarbeitern zu erstellen und Vorschläge zur Umsetzung vorzulegen.

Ist mit der Erstellung einer Risikoanalyse die Aufgabe des Versicherungsmaklers als Risk Management-Berater beendet?

Die Verantwortung endet nicht mit der Übergabe der Studie. Die einzelnen vorgeschlagenen Maßnahmen sind auch hier in enger Zusammenarbeit mit dem Unternehmen durchzuführen, und insbesondere das Risikoprofil des zu beratenden Unternehmens ist ständig zu überprüfen.

Ausblick: Künftige Entwicklungen im Risk-Management

Von Prof. Dr. Matthias Haller

Welche Tendenzen sind für die künftige Entwicklung des Risiko-Managements in Europa erkennbar?

Die Analyse des Gedankenguts und der Praxis des Risiko-Managements läßt auch für die nächste Zukunft noch deutliche Unterschiede bei den Entwicklungen in den USA und in Europa erwarten. Im Gegensatz zum spezialisierten, primär an Störfaktoren und finanziellen Zielen ausgerichteten Verständnis des Risiko-Managements in den USA, das durchaus Auswirkungen auf die gegenwärtige Praxis in Europa hat, zeichnet sich insbesondere für den deutschsprachigen Raum eine umfassendere Risiko-Management-Konzeption ab.

Die hier immer noch wirksame traditionelle Verhaftung der Unternehmungen mit Schutz- und Vorsorgezielen sowie die engeren Marktbedingungen und Handlungsspielräume weisen dem Risiko einen höheren, noch wachsenden Stellenwert zu. Folglich muß Risiko-Management in Europa in das Gesamtkonzept der Unternehmensführung einbezogen werden. Schon bei den Entscheidungen des strategischen Managements sind die risikopolitischen Grundsatzfragen abzuklären und damit zugleich die Voraussetzungen für ein Risiko-Management zu schaffen, das in die gesamte Unternehmensführung integriert ist.

Damit werden zugleich Bedingungen für eine künftig an Bedeutung gewinnende soziokulturelle Risikopolitik geschaffen, bei der es im Sinne eines nüchternen ökologischen Denkens um die Unternehmensführung aus der Sicht des „richtigen Risikos" gehen wird.

SzU-Kurzlexikon

Aktionsrisiken

Mögliche Störprozesse, die negativ auf die Maßnahmen zur Erfüllung bewußt gesetzter Unternehmensziele wirken (z. B. falsche Produktauswahl, Absatzstörungen).

Bedingungsrisiken

Mögliche Störprozesse, die durch die Veränderung von Randbedingungen (z. B. Ausfall von Schlüsselpersonen, Produkthaftpflicht) die Zielerreichung gefährden.

Betriebsunterbrechung

Unterbrechung des betrieblichen Leistungserstellungsprozesses als Folge des Ausfalls von Betriebsmitteln.

Captive

Unternehmenseigene Versicherungsgesellschaft, die vornehmlich die Risiken des Unternehmens als Erstversicherer trägt.

Cash Flow Underwriting

Berücksichtigung der Kapitalerträge bei der Prämienkalkulation eines Versicherers.

Excess of Loss-Rückversicherung
(Einzelschaden-Exzedenten-Rückversicherung)

Der Rückversicherer übernimmt von jedem einzelnen Schaden den Anteil, der einen vereinbarten Selbstbehalt übersteigt. Dies gilt bis zur Höhe der vertraglich fixierten Obergrenze.

Extended Coverage

Eine um zusätzliche Gefahren erweiterte Versicherungsdeckung. Z. B. in der Feuerversicherung werden üblicherweise nicht gedeckte Gefahren, wie Erdbeben und innere Unruhen, in den Vertrag einbezogen.

Fehlerbaumanalyse

Auf dem Konzept des Entscheidungsbaumes beruhende Risikoanalyse, die ausgehend von einem als unerwünscht eingestuften Ergebnis nach den Ursachen sucht.

Fronting

Beim Fronting zeichnet ein zugelassenes Versicherungsunternehmen einen lokalen Vertrag und zediert ihn vollständig oder zum größten Teil an ein in dem betreffenden Land nicht zugelassenes, international tätiges Versicherungsunternehmen. Zweck dieser Konstruktion ist die Erreichung einer weltweit einheitlichen Deckung für ein international tätiges Unternehmen.

Gemeinkosten-Wertanalyse

Analyse von Gemeinkosten(-blöcken) hinsichtlich Entstehung, Umfang und Verantwortung.

Highly Protected Risks

Spitzenrisiken, die normalerweise im Rahmen von Standarddeckungen nur zu besonderen Konditionen zu plazieren sind.

Instrumente des Risiko-Managements

Als Instrumente des Risiko-Managements gelten die Maßnahmen, die ergriffen werden können, um eine Risikosituation zu beeinflussen. Im einzelnen sind dies insbesondere:

- Risikovermeidung (z. B. Verzicht auf Produkte),
- Risikoverminderung (z. B. Einbau von Sprinkleranlagen),
- Risikoüberwälzung (z. B. auf ein Versicherungsunternehmen bzw. Haftungsüberwälzung auf einen Vertragspartner) und
- Selbsttragen der Risiken (bewußtes Inkaufnehmen des Risikos, passiv: als Bereitschaft, die Schäden zu tragen und aktiv: durch Bereitstellung von Reserven materieller und immaterieller Art).

Kapitalwert-Kriterium

Entscheidungskriterium der Investitionsrechnung zur Beurteilung von Investitionsobjekten.

Master Policy

s. Rahmenvertrag.

Matrixorganisation

Form einer mehrdimensionalen Organisationsstruktur, bei der zwei Organisationsprinzipien (z. B. das Funktions- und das Spartensystem) miteinander kombiniert werden.

Off-Shore-Risiken

Risiken von meerestechnischen Projekten (z. B. Erdöl- und Erdgasgewinnung vor der Küste) einschließlich der dazugehörigen Versorgung.

Produkt-Haftpflicht

Deliktische Haftung für Schäden, die durch fehlerhafte Produkte entstehen.

Projektorganisation

Organisationsform, bei der die Bildung von Projektgruppen zur Lösung von Sonderproblemen beitragen soll.

Rahmenvertrag (Master Policy)

Über die in den einzelnen Ländern abgeschlossenen Deckungen wird ein einheitlicher Vertrag gelegt, der die Differenzen im Deckungsumfang (D.E.C.) und in den Deckungssummen (D.I.L.) ausgleicht.

Reine und spekulative Risiken

Grobe Unterteilung von Risiken:

- solche, bei denen primär negative Zielabweichungen betrachtet werden (reine Risiken, wie Feuer oder Einbruch) und
- solche, bei denen zusätzlich zur Verlustgefahr die Chance als positive Abweichung von einer Zielgröße berücksichtigt wird (spekulative Risiken, wie Ertragsrisiken).

Risk Control

Risikoverminderung auf der güterwirtschaftlichen Ebene.

Risk Financing (Sicherheitsfinanzierung)

Bereitstellung finanzieller Mittel, die zum Erreichen eines bestimmten Sicherheitsniveaus notwendig sind.

Risk Management

Vornehmlich in den USA entwickelte risikopolitische Konzeption, die hauptsächlich den günstigen Einkauf von Versicherungsdeckungen (Versicherungs-Management) sowie die Senkung der Versicherungskosten durch Schadenverhütungsmaßnahmen zum Ziel hat. Zur Nutzung ihrer Marktmacht haben große Industrieunternehmen z. T. eigene Versicherungsgesellschaften (Captives) gegründet (s. a. Risiko-Management).

Risikoanalyse

Suche nach und Beurteilung von Störfaktoren und deren Wirkungen auf den Unternehmenserfolg.

Risikobewertung

Beurteilung von Risiken hinsichtlich ihres Eintrittes und ihres Schadenumfanges.

Risikokosten

Kosten der Risikopolitik (z. B. Versicherungskosten, Schadenverhütungskosten).

Risiko-Management

Vornehmlich in Europa entwickelte risikopolitische Konzeption, die darauf ausgerichtet ist, die bei allen unternehmerischen Entscheidungen auftretenden Risiken als integrierte Aufgabe der Unternehmensführung zu behandeln.

Risikoneigung (-bereitschaft)

Ausdruck für die subjektive Bereitschaft eines Entscheiders, Risiken in Kauf zu nehmen, die von Risikoaversion bis zur Risikofreude reichen kann.

Rückversicherung (fakultative / obligatorische)

Weitergabe eines Teils des von einem (Erst-)Versicherer übernommenen Risikos an einen Rückversicherer.

- Fakultative Rückversicherungsverträge weden für jeden Einzelfall vereinbart;
- bei der obligatorischen Rückversicherung werden Rahmenverträge mit Abgabeverpflichtung und Annahmezwang abgeschlossen.

Selbstbeteiligung (Franchise)

Verpflichtung des Versicherungsnehmers, einen vereinbarten Teil des Schadens selbst zu tragen.

Selbstversicherung

Bewußter Verzicht auf Versicherungsnahme in Situationen, in denen sich innerhalb des eigenen wirtschaftlichen Bereichs ein Risikoausgleich erzielen läßt.

Sprinkleranlage

Automatische Brandbekämpfungsanlage, die durch Rauch oder Hitze ausgelöst wird.

Störfall-Ablaufanalyse

Analyseverfahren, das von einer bestimmten Ursache ausgehend nach den möglichen unerwünschten Folgen sucht.

Stop-Loss-Rückversicherung (Jahresüberschaden-Rückversicherung)

Rückversicherung für eine überdurchschnittliche Schadenquote eines Versicherungsbestandes.

Target-Risks

Individuelle Großrisiken, die vom Standard-Rückversicherungsprogramm ausgeschlossen sind.

Versicherungsleistung

Im üblichen Sprachgebrauch Schadenzahlungen.
Aus betriebswirtschaftlicher Sicht das Ergebnis des Leistungserstellungsprozesses der Versicherungsunternehmen: Garantieinformationen über den künftigen Zustand der versicherten Objekte.

Versicherungsmakler

Handelsmakler, der mit der Vermittlung von Versicherungen im Interesse des Versicherungsnehmers betraut ist, ohne vertraglich an eine oder mehrere Versicherungsgesellschaften gebunden zu sein.

Versicherungstechnisches Ergebnis

Bilanzielles Ergebnis des Versicherungsgeschäftes (ohne Kapitalanlageergebnis), das aus Prämieneinnahmen abzüglich Aufwendungen für Schadenzahlungen und den Versicherungsbetrieb ermittelt wird.

7 Richtige für Manager

☒ Ein intimer Kenner der Materie informiert Sie aus erster Hand, worauf Sie achten müssen, damit Sie zu den **Gewinnern** zählen.
An der Zukunft verdienen
von Ernst-Uwe Winteler
264 Seiten, DM 68,-

☒ Arbeiten Sie nach dem „Einmal-Anfass-Prinzip": Nichts verschieben – Nur einmal eindenken – Sofort handeln!
Management-Effizienz
von Matthias Hirzel
220 Seiten, DM 69,-

☒ Beratungs-Know-How weltweit anerkannter Experten auf Ihrem Schreibtisch.
Management im Zeitalter der Strategischen Führung
von Arthur D. Little (Hrsg.)
199 Seiten, DM 68,-

☒ Ihr Vorgesetzter muß **effektiv** sein. Wie Sie dabei Ihren Part besser spielen können – zu Ihrem eigenen Vorteil – zeigt das Buch.
Spielregeln für den Umgang mit Chefs
von Klaus Rischar
267 Seiten, DM 58,-

☒ Die Geschichte von W. A. Procter und J. N. Gamble. Lernen Sie aus der Erfolgs-Story der Firma, die in der Welt des Markenartikels als „**Institution**" gilt.
BLICK NACH VORN
von Oscar Schisgall
409 Seiten, DM 64,-

☒ Experten beweisen Ihnen in diesem Buch, daß die Marktbarrieren zwar hoch, aber jetzt noch **überwindbar** sind.
Markteintritt in Japan
von Hermann Simon (Hrsg.)
205 Seiten, DM 68,-

☒ Lesen Sie nach, wie Sie Ihre Unternehmenskultur, wie Sie Ihr Export-Marketing ändern müssen, damit Sie in der Zukunft zu den **Siegern** zählen.
Die Macht der Triade
von Kenichi Ohmae
239 Seiten, DM 64,-

Änderungen vorbehalten.

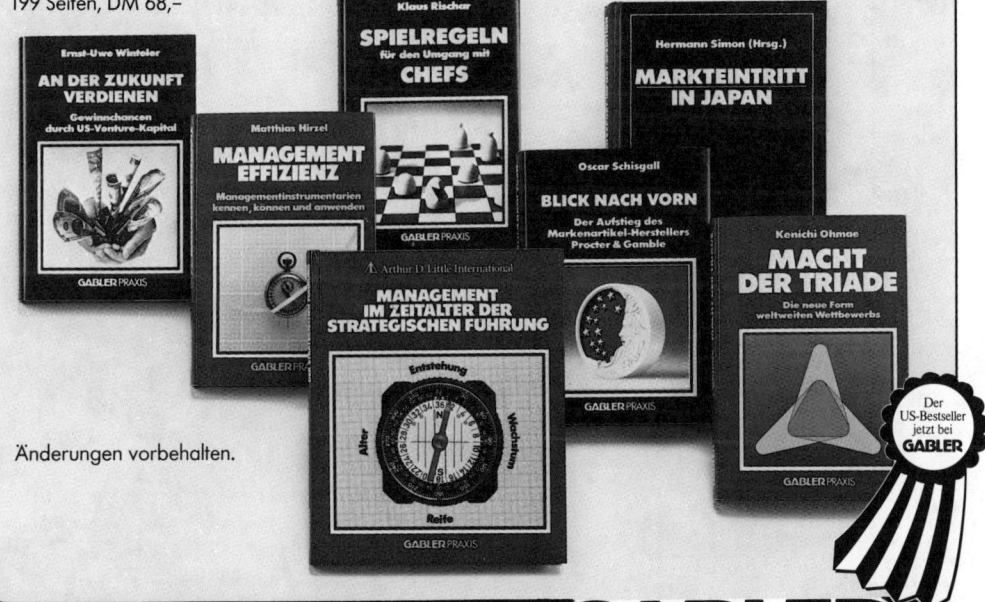

Betriebswirtschaftlicher Verlag Dr. Th. Gabler GmbH
Taunusstraße 54, 6200 Wiesbaden

GABLER